日本人のための世界最速思考マニュアル

OODA（ウーダ）ループ思考［入門］

OODA LOOP THINKING

入江仁之＝著

ダイヤモンド社

はじめに

OODA ループ思考で
最速の状況適応力を手に入れる

スピードと柔軟性に優れた OODA ループ思考

　OODA ループはアメリカ空軍大佐のジョン・ボイドが提唱した、敵に先んじて確実に勝利するための基本理論です。当初は、戦闘機パイロットとしての経験に基づいた、まさに一瞬の戦闘に勝つためのものでした。しかし、その後ボイドが諸科学の知見を取り入れて汎用性を持たせた結果、OODA ループは戦略、政治、さらにビジネスやスポーツにまで広く活用され、**「どんな状況下でも的確な判断・実行により確実に目的を達成できる一般理論」**として欧米で認められるようになりました。

　現在、アメリカをはじめ世界中の軍隊はもちろん、シリコンバレーを中心にビジネスエリートが好んで使う思考法となっています。本書は、日本人にはなじみの薄い OODA ループ思考を理解し、思考法として活用するための入門書です。

　残念なことに、ボイドは OODA ループに関する知見をまとめることなく、講演用のスライドや短い論文などを残したのみでこの世を去りました。そのため OODA ループを汎用的な思考法として実際に身につけて活用できるようにするためには、彼の諸理論の間を補完して体系化する必要があります。したがって本書では、できる限りボイドの残した理論に基づきつつ、

著者の実務経験によって検証された独自の用語、フレームワークも使用していることを、あらかじめお断りしておきます。

思考法には、それぞれ志向性がある

ところで、思考法と言うと何が思いつくでしょうか?

最近、日本でもさまざまな思考法が紹介されています。みなさんも、ロジカルシンキング(論理的思考)、仮説思考、デザイン思考といった言葉を耳にしたことがあるはずです。代表的な

思考法には特徴がある

	無謬性志向 正しいプロセスを踏めば間違いにくい	スピード志向 適時に瞬時に答えを出せる	柔軟性志向 何にでも、いつでも使える
ロジカルシンキング 情報を整理・分析することで筋道立てて結論を導く	◎	△	○
仮説思考 仮説に基づいて情報収集を行い、検証と修正を繰り返して問題解決をはかる	○	○	○
デザイン思考 人々のニーズに基づいてプロトタイプを作り、テストを行いながら問題解決をはかる	△	○	△
OODAループ思考	○	◎	◎

ものをいくつか挙げてみましょう。

　表に示したように、思考法にはそれぞれ特徴があります。強みと弱みと言ってもいいでしょう。例えばロジカルシンキングは適用範囲が広く、複雑な問題でも整理・分析し、筋道立てて精緻に結論を導き出すため、そのプロセスさえ間違えなければ誰がやっても基本的に同じ答えが出るところが強みです。その半面、答えを出すまでに時間がかかるのが弱点と言えるでしょう。

　また、デザイン思考は主に製品やサービスの開発・改善プロセスで用いられます。プロトタイプを作って、その結果をさまざまな立場の人が一緒になって議論するので、ユーザーをどこまで理解しているかで結果は異なりますし、必然的にある程度の時間はかかります。

　さまざまな思考法を検討してみてわかるのは、OODAループには他の思考法が抱えるような明らかな弱点がないということです。**どんなテーマにも、時間があってもなくても、そしてとりあえずは誰でも使うことができる思考法なのです。**その万能性は世界中の軍事組織が戦術はもちろん戦略レベルでも採用していることからもわかります。OODAループはどんな状況でも使える、スピードに主眼を置いた稀有な思考法なのです。

日本人にはOODAループが必要だ

　私がここまで速さにこだわるようになったのは、日米欧の組織へのコンサルティングを通じて持つようになった確信のためです。それは、日本の根本的な問題は個人の判断と行動のスピードにある、という確信です。

多くの日本人が習慣として使う思考法、わかりやすく言えば考え方のクセは、変化の激しい今の時代を生きるのに壊滅的に向いていません。例えば、こういう感じです。

- 他人と同調することに何よりも重きを置く。（過剰な同調圧力）
- 分析や計画が大好きで、石橋は叩き壊すためにあると考えている。（完璧主義）
- 他人からどのように見られているか気にしてばかりで自信が持てない。（正解志向）
- それでいて周囲が動き出すと、急にあわてて追随する。（先走りたくなく、遅れたくもない）
- 自分の目と頭で物事を捉えようとせず、紋切り型の受け止めで済ませてしまう。（思考停止）
- 決めようとしない、動こうとしない、変わらない……。（知的怠惰）

　私自身、長年OODAループを研究し、組織にOODAループを埋め込む支援をするなかで、活気がなく、停滞感や閉塞感が漂う組織をいくつも見てきました。経営陣から現場まで、一人ひとりの思考法が変わらない限り、日本の組織は速くも強くもなれないし、成長もできないことは明らかでした。

　スピードと柔軟性が最優先される時代にはそれに合った思考法が必要ですが、今の日本人にはそれがありません。だから私はOODAループを使いこなせる人を1人でも増やすために、この本を書くことにしました。

　悪いニュースばかりではありません。さまざまな科学的知見を取り入れてOODAループの理論を作り上げたジョン・ボイ

ドでしたが、なかでも座右の書としてOODAループの思想的背骨に位置付けていたのが、日本の剣豪・宮本武蔵の書いた『五輪書』です。

　敵に先んじて確実に勝利することを重視した思考法のルーツが日本人にあったという事実は、同じ日本人として誇らしいことですし、速い判断と行動のための思考法を私たちが身近なものにするうえで、実は大変都合のいい話です。そこで本書では、『五輪書』からの現代語での引用（本書では、魚住孝至編『宮本武蔵「五輪書」ビギナーズ日本の思想』角川学芸出版から引用しています）と、宮本武蔵の逸話と思想もあわせて紹介しながら、OODAループ思考を解説していくことにしました。

本書の構成

　本書では、OODAループ思考を日本人が理解し、使うために、次の3つのポイントを中心に説明します。

1　OODAループの構造
2　ショートカット
3　世界観のフレームワーク VSAM

　序章では、なぜOODAループ思考を使うべきなのか、OODAループを使うことで、どんな状況でも速く判断し、行動して確実に成果を出せる6つの理由を説明します。

1 OODAループの構造

- わかる Orient 世界観
- みる Observe
- きめる Decide
- うごく Act

　第1章ではOODAループのアウトライン、OODAのそれぞれのステップで何をするのか、構造を説明します。

2 ショートカット

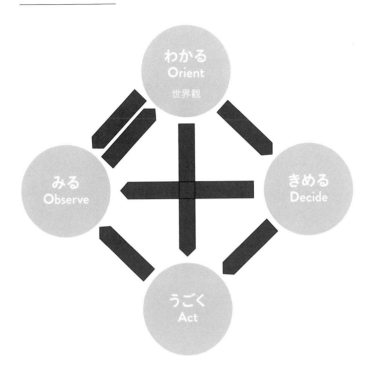

　第2章では、OODAループ思考でどんな状況でも速く判断し、行動するために、身につけなければならないショートカットについて説明します。OODAループ思考は、OODAの順番に1方向に回すだけの柔軟性のない思考法ではありません。図にある矢印がさまざまなショートカットの機能を果たして、思考を加速させます。どんなときに、どのショートカットが使えるのかを紹介します。

3 世界観のフレームワーク VSAM

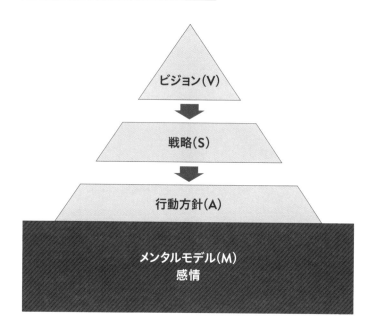

　第3章では、OODAループで最も重要な、「わかる(Orient)」を集中的に説明します。OODAループでは、「(今この状況とこの先が)わかっている」状態であることを重視します。そのためにまず把握すべきは、自分自身の世界観です。
　OODAループ思考における世界観とは、芸術や思想の領域でよく言われる一般的な世界観ではなく、OODAループをどんな状況でも速く機能させるための土台であり、必要なツールです。いま自分が取り組んでいることや解決したい問題について、どんな世界観をつくるか、VSAMというフレームワークを用いて説明します。

第4章では、前章までで説明してきたOODAループ思考をさらに速くするために必要な鍛錬の方法を紹介します。考え方にとどまらず、今日から何をすべきかをできるだけ具体的に説明します。

　第5章では、相手のOODAループを想定して、自分の思うような結果を得るための考え方を説明します。もともと戦闘理論だったことからもわかるように、OODAループは本来、相手ありきの思考法です。相手の考えや行動を読んで利用するのは初心者には手強いことのように思えますが、自分のものにできれば効果は絶大なので、余裕のある人はぜひチャレンジしてみてください。

Contents
—
OODA Loop
Thinking

OODAループ思考 [入門]
目次

はじめに
OODAループ思考で最速の状況適応力を手に入れる ……………… 001

序章

OODAループ思考が最速である
6つの理由

速くなかったばっかりに、
残念な結果になりがちな世の中です ……………………………………… 018
現代において、速さこそが最大の成果を生む ……………………………… 022
致命的な失敗を避けつつ、最速で実行するために …………………… 024
速い理由①　「フレームワーク」だから、OODAループは速い … 026
速い理由②　「直観」で行動するから、OODAループは速い …… 026
速い理由③　「気づける」から、OODAループは速い ………………… 029
速い理由④　「意味づける」から、OODAループは速い ……………… 030
速い理由⑤　「効果起点」だから、OODAループは速い ……………… 033
速い理由⑥　「主体的」だから、OODAループは速い ………………… 034
世界の軍事理論を書き換えたOODAループ ……………………………… 036
ジョン・ボイドが傾倒した『五輪書』の兵法の思想 ……………… 038

第1章

最速思考法のアウトライン

OODAループは「ごく一般的な」思考のプロセス ……… 044

みる (Observe) ……… 047

わかる (Orient) ……… 051

きめる (Decide) ……… 058

うごく (Act) ……… 062

みなおす (Loop) ……… 064

「意識」すればもっと使えるようになる ……… 065

第2章

OODAループをショートカットで使う

ショートカットがOODAループ思考の実践形 ……… 068

「みない」で「うごく」最速パターン
[わかる→うごく] ……… 073

2回の「みる」で世界観を更新する
[みる→わかる→みる] ……… 079

仮説検証でどんどん「わかる」
[わかる→きめる→うごく] ……… 084

想定外の状況には、ショートカットなしのOODAループを使う
[みる→わかる→きめる→うごく→みなおす] ……… 091

第3章

世界観をつくるフレームワーク

「わかる」と行動は速くなる ……………………………………… 102
つまるところ、世界観がすべてを決する ……………………… 104
世界観はVSAMで形作られる …………………………………… 108
5〜10年後に「こうなりたい」遠くにあるビジョン（V）…… 113
ビジョンがなかなか見つからない人のためのヒント ………… 116
戦略（S）と行動方針（A）でビジョン（V）に近づく ………… 120
自分のメンタルモデルを知る …………………………………… 126

第4章

さらに思考を加速させるために必要なこと

世界観を磨く4つのヒント ………………………………………… 136
異分野の経験がOODAループを強くする ……………………… 140
武蔵に学び、あらゆるツールを武器にする …………………… 142

第 5 章
「相手のOODAループに入る」使い方

相手の心を動かす究極のOODAループ思考 ································· 150
面接されているのに優位に立つ不思議 ································· 154

主な参考文献 ································· 158

あとがき ································· 160

Introduction

OODA Loop
Thinking

序章

OODAループ思考が最速である6つの理由

速くなかったばっかりに、
残念な結果になりがちな世の中です

　よく考えてから行動しなさい。思慮深い人になりましょう。多くの日本人は、親や教師からそう言われて育ちます。刷り込みというのは恐ろしいもので、何かを選んだり、決めたりするときに確信が持てず、間違っているのではないか、もっとほかに選択肢があるのではないかと考えをめぐらせる。きっと誰にもそんな経験があるはずです。

　しかし、それでどんな結果になるかというと……念を入れて考えたことが必ずしも良い結果につながるとは限らない。それが実感ではないでしょうか。もちろん、時間の余裕があって、判断に必要な情報をいくらでも集められるのなら、時間をかければよいでしょう。しかし現実には、そんなケースはまずありません。

　身近な例として、ずっと気になっていた取引先の女性を、思い切って食事に誘った若手ビジネスマン・赤坂さんのケースを見てみましょう。

EPISODE
赤坂さんと彼女の初めての会食

　2人の会社が今秋にイベントを行う予定の国際見本市会場を一緒に下見した帰り道、何気なく話題にした音楽の好みが同じだとわかり、2人は大盛り上がりです。赤坂さんが「もう少し話したいな」と食事に誘い、近くでレストランを探すことにしました。とはいえ、

初めての街で心当たりはありません。

「ここ良さそうだけど、ちょっと高いかもね」
「常連が多そうで入りにくいな」

　通り沿いの店をのぞいては、あれこれ理由をつけて見送っているうちに、駅に近づいてしまいました。「早く決めなきゃ」と焦る赤坂さんの目に飛び込んできたのは、スウェーデン料理店の看板。スウェーデン料理は一度も食べたことがないけれど、焦る気持ちに背中を押されて店の中に。2メートル近い長身の店員に案内されて席に着くまではよかったのですが……。

「注文が決まったら、呼んでくださ～い」。微妙なイントネーションでそう言い残し、彼は立ち去りました。手渡されたメニューを見ると、料理の写真はなく、聞き覚えのない料理名がずらっと並んでいます。おすすめを聞きたいけれど、店員は忙しそうに動き回っていて、とてもそんな余裕はなさそうです。

「うーん」。メニューを上から下まで何度眺めてもわからず、出るのは唸り声ばかり。「隣の人が食べているのも美味しそうよ。まねするのもいいかもね」と、見かねた彼女が助け舟を出しても、焦るいっぽうの赤坂さんの耳には入りません。

　テーブルの上に流れる重い沈黙。席に案内してくれた店員も、まだ決まらないのかといった表情でこちらをチラチラ見ています。これ以上グズグズして、優柔不断な男だと彼女に思われるのだけは避けなきゃ……。意を決した赤坂さんは、ついに手を挙げて店員を呼びました。

「隣のお客さんと同じものを……」

能がないみたいで嫌だったけれど、背に腹は代えられません。ところが、はるか上から見下ろしている店員から返ってきた言葉は、思いもよらぬものでした。
「すみません。あれは当店の人気料理で、ついさっき売り切れてしまいました」

絶句する赤坂さんを冷たく見下ろす店員。彼女も、「私がさっき言ったときに注文していれば……」と、心の中であきれている様子。いよいよ追い詰められた赤坂さんは、半分目をつぶってメニューを指差し、「これと、これを1つずつ。あ、それとこの料理も」と叫ぶように注文しました。

待つこと15分。3つの料理がいっぺんにテーブルに並んだのを見て、2人は唖然、呆然。なんと、注文したのはすべてサラダだったのです。赤坂さんは、おすすめ順に書いてあるはずだと踏んで、上から順に頼んだのですが、実際にはサラダのカテゴリーから3つ選んでしまったのです。

会話もなく、生野菜ばかりを口に運んでいるせいか、店に入ったときより冷房もきつく感じます。「少し冷えちゃったみたい。今夜は早めに失礼させてもらおうかな」。気まずそうにそう告げる彼女に、赤坂さんは「駅まで送っていくよ」と返すのが精一杯でした。

赤坂さんがうまくいかなかった理由

男性がリードしなければいけないという決まりはありませんが、気になる女性と初めて共にする食事で、店を選んだのも自分となれば、赤坂さんが焦ってしまうのも無理ありません。

いったい彼は、どこで間違えたのでしょうか。真っ先に思い

つくのが、下調べをしてこなかったということでしょう。初めて行く街であっても、彼女を食事に誘うつもりがあるなら、予約はともかく、グルメサイトくらいは事前にチェックしておくべきでした。店に入ってからも、スマホで料理名を検索すれば、前菜か主菜か、メインの食材が何かくらいは見当をつけられたはずです。

　でも、私が考える赤坂さんの最大の過ちは、判断と行動を先送りしたことです。彼のように判断や行動を先送りしている間に、周りの環境や条件はどんどん変化していき、自分だけが取り残されるケースはめずらしくありません。

　会議で発言しようとしていたことを、ほかの人に先に言われてしまう。お客さんのペースで交渉が進んで、いつの間にか値引きかサービス追加のどちらかを承諾するはめに陥る。今の仕事に限界を感じているのに踏ん切りがつかず、転職を先延ばしにしているうちに機会を失ってしまった。みなさんにもそんな経験がありませんか。

　そうなった時点で、前提そのものも変わってしまっているので、それまでどれほど熟考を重ねていても、もう一度初めから考え直さなければならず、体勢を立て直すのは容易ではありません。

　そもそも、本当に熟考していたのかという疑問も生じます。もしかしたら赤坂さんのように、判断や行動を先送りしていただけかもしれません。そしてそれは、今は何も決めず、動きもしない、という決定を無意識のうちにしていることにほかならないのです。

現代において、
速さこそが最大の成果を生む

　そうした判断や行動の先送りをせず、誰よりも速く決断して行動するための世界最速の思考法が、本書で解説するOODAループです。

　では、なぜ最速でなくてはならないのでしょうか。

　第一に、**速く動かなければ選択肢がどんどん失われてしまう**からです。赤坂さんは入る店をなかなか決められなかったために、未知のスウェーデン料理に挑戦せざるを得なくなりました。さらに、オーダーでもぐずぐずしていて人気料理が売り切れ。すっかり平常心をなくし、冷たいサラダばかりを注文するという失態を演じる結果になりました。

　第二に、**速く動かないと主導権を取れません**。赤坂さんも、タイミングを見計らっておすすめ料理を聞いていれば、急かされるようにサラダばかりを注文する羽目には陥らなかったでしょう。忙しそうな店員を気遣っていましたが、テーブルに呼ばれてから待たされるほうが迷惑だったかもしれません。速く動けば先手を打てるので、自分の土俵で戦えます。そうなれば行動に自信が持て、彼女をリードすることができ、食事もより楽しいものになったはずです。

　第三に、**速く動いたぶんチャンスが増えます**。その結果が望ましいものでなかったとしても、失敗から多くの学びを得て修正することで、次に成功する確率が高まります。フェイル・ファスト（fail fast）という言葉を聞いたことがあるでしょうか。

直訳すれば、「速く失敗せよ」ということです。
　大企業が膨大なデータを分析しながら会議を重ねている間に、ベンチャーが荒削りだけれどどこにもなかった事業やサービスを世に出して、あっという間に市場を席巻する。そんな光景を私たちは何度も目にしてきました。今日もシリコンバレーやイスラエル、深圳などでは、誰もが速さと新しさを競っています。数億ドルの値が付く素晴らしいアイデアも、誰かが先に実現したら価値を失うからです。

　実のところ、こうした話は特に目新しいものではなく、近年さんざん議論されてきたことです。みなさんも何かにつけて「速くしろ」と言われていることでしょう。しかし、現実はというと、長い月日をかけても計画が決まらず、ぐずぐずと時間だけが浪費される。なぜか。それは、状況に応じてタイムリーに判断し、行動できないからです。

　ここで1つ疑問が生じます。速さだけが価値なのか、ということです。

　結論から言えば、ほとんどの場合、速さに勝る価値はありません。どんな環境にでも適応して勝ち残るためには、速さが必要です。「巧遅は拙速に如かず」（出来が良くても遅いものは、出来は悪くても速いものに及ばない）ということわざがあるように、タイミングを失して取り返しのつかない過ちを犯すことは避けなければなりません。
　就活でたとえるなら、どれほど完璧な経歴のエントリーシートを作っても、提出期限に間に合わなかったら選考されないのです。

致命的な失敗を避けつつ、
最速で行動するために

　日常生活において、生死を分けるような決断と行動を求められる状況は、めったにありません。入る大学や会社を間違えても、結婚のタイミングを逃しても、仕事でミスをしても、命まで取られることはなく、その後の取り組み次第で十分に挽回できます。

　それでもたいていの人は、長い人生のうちに何度か、絶対に失敗できない局面に遭遇します。会社の命運を分ける投資の決断、年収の何倍もの大きな買い物、大病を患ったときの治療法や病院の選択、災害時の緊急避難……。直接命にかかわるものもあれば、自分と周りの人のその後の人生を大きく変えてしまうようなものもあります。だからこそ、致命的な過ちは避けなければなりません。

　そうした状況にいつ置かれるのかを正確に予想することは難しくても、備えておくことはできます。想定外の環境変化に適応して勝ち残るための準備をするのです。

　OODAループを開発したジョン・ボイドは、もとは軍人でありながら研究者肌の人で、古今東西のあらゆる文献を紐解き、参考にしてOODAループを生み出しましたが、なかでも最も多くの学びを得たとされるのが宮本武蔵の『五輪書』です。OODAループの原点は五輪書にあると言っても過言ではありません。

　五輪書は剣豪・宮本武蔵が、自身の兵法を伝え残すために書

いたものです。命のやり取りをする真剣勝負の世界で、十分な鍛錬を積まないうちに「そのとき」を迎えてしまえば、死は免れません。勝って生き抜くためには、いざというときに速く決めて、速く動く。

　五輪書は武士道の本ではなく兵法の本です。ですから、あらゆる手段を使って勝つためになすべきことを教えています。その流れを汲んでいるOODAループもまた、失敗を犯さないために、速さに価値を置いて、常日頃から鍛錬することを説くのです。

　では、OODAループ思考を実践すると、なぜ速く判断して行動し、成果を出すことができるのでしょうか。その理由は、「フレームワーク」「直観」「気づき」「意味づけ」「効果起点」「主体的」の6つのキーワードで整理できます。順番に説明していきましょう。

OODAループ思考が速い6つの理由

1 「フレームワーク」だから　＞　やるべきことが明快
2 「直観」で行動するから　＞　不要なプロセスを端折れる
3 「気づける」から　＞　ピンチやチャンスを見逃さない
4 「意味づける」から　＞　行動する理由を探す必要がない
5 「効果起点」だから　＞　役に立たないことは一切しない
6 「主体的」だから　＞　誰かではなく自分の最善策になる

速い理由①
「フレームワーク」だから、OODAループは速い

　OODAループは「フレームワーク」です。フレームワークであるということだけで、実は速くなります。「やるべきことが明快」で、「余計なことはやらない」からです（これは他のフレームワークでも同様です）。特に頭の中で行われる思考の最中は、他の人はもちろん本人にも、何をどう考えているか判然としないことが多いものです。それだけにどれだけ時間をかけても、かけた時間に見合う成果が伴わないことがあります。OODAループはいま何をすべきか、いつアウトプットすべきかが明快な思考のフレームワークなので、速くなるのです。

速い理由②
「直観」で行動するから、OODAループは速い

　OODAループが速い2つ目の理由は、「直観」によって行動するからです。

　私たちは日常において、たいていのことは即決して行動に移しています。先走りするタイプ、優柔不断な性格などの違いはあっても、それぞれのやり方で瞬時に決めて動いているはずです。そのとき、私たちの頭の中では「直観」が働いています。そのことに気づいたり、意識したりすることはありませんが、ぱっとひらめいた（こちらは直感）ように見えても、その裏には冷静な状況分析や無意識のうちの論理的思考があり、一瞬で答えを導き出しているのです。

混同されがちですが、直観（intuition）と直感（inspiration）は異なります。直感が感覚的に何かを感じ取るのに対して、直観は推論を用いずに対象に合致するパターンを直接的に捉えます。実際には重なり合う部分もあって明確に線引きできるものではありませんが、直観は瞬発的ではあっても冷静に知覚している点が、より感情的で感覚的な直感とは大きく異なります。

　理化学研究所の認知機能表現研究チームによれば、直観には大脳の基底核と帯状皮質と呼ばれる領域が大きく関与しているそうです。将棋のプロ棋士が何手も先を読んで最善の一手を打ったり、熟練した会計士が一見すると矛盾のない帳簿や会計処理から瞬時に会計不正を見抜いたりできるのも、直観のおかげだといいます。

　スティーブ・ジョブズは2005年にスタンフォード大学で行ったスピーチで、卒業生に次のように語りかけました。

> 　あなた方の時間は限られています。だから不本意な人生で時間を無駄にしないでください。ドグマにとらわれてはいけません。それは他人の考えに従って生きることと同じです。他人の考えに溺れるあまり、あなた方の内なる声がかき消されないように。そして何より大事なのは、自分の心と直観（intuition）に従う勇気を持つことです。あなたの心と直観は、自分が本当は何をしたいのかをとっくに知っているはずです。それ以外のことは重要ではありません。

　"intuition"を「直感」とする日本語訳が多いのですが、ここは直観とすべきでしょう。

　経験を積んで知識を身につければ、直観は鍛えられます。プ

ロスキーヤーで登山家の三浦雄一郎氏は、雪崩に巻き込まれたときに直観で動いて命拾いした実体験を振り返り、直観はトレーニングにトレーニングを重ねた先に身につけたとインタビューで語っています。

　OODAループでは直観を意識的に用います。それを繰り返すうちに、普通の人でもより広い問題について直観を適用できるようになり、就職や結婚といった人生の一大事に関わることについても、瞬時に決めて、動けるようになります。

THEORY

ロジカルシンキングだけでは生きていけない

　大切なことを決めるとき、多くの人はできるだけ論理的に考えて意思決定しようとします。ロジカルシンキング（論理的思考）はビジネスパーソンに必須のスキルとされているので、本を読んだりして勉強した方も多いのではないでしょうか。

　しかし、勉強したからといって、いつもロジカルシンキングを実践しているという人はいないはずです。朝から不機嫌そうな妻や夫にどんな言葉をかけるのか、ネクタイは無地かストライプか、ラッシュ時の通勤電車でどこに立つのか、休み明けの受信フォルダにいっぱいたまったメールのうち、どれを優先して返信するのか……。私たちの毎日は判断と実行の連続です。

　言うまでもなく、そのすべてにロジカルシンキングを適用するのは無理だし、無意味です。問題を把握し、さまざまな情報に基づいて選択肢を洗い出して比較検討し、答えを導き出すのがロジカルシンキングの基本です。しかし、そんな悠長なことをしていたら、パートナーの機嫌は悪くなるばかりだし、遅刻しそうになって駅まで走ったあげく、満員電車のドア付近でもみくちゃにされかねません。

> MECE（ロジカルシンキングの重要なフレームワークで、漏れなく重複なくの意味）で問題を把握しようなどと考えた日には、午前中に精根尽き果ててしまうのがおちでしょう。

速い理由③
「気づける」から、OODAループは速い

　OODAループが速い3つ目の理由は、「気づき」にあります。目の前の現実を観察してありのままに認識することが、スピーディーかつ臨機応変な行動につながります。展開する状況を自分の目で見ることはもちろん、人から話を聞くなどさまざまな手段で情報を収集して、今何が起きているのかをいち早くつかみます。

　こうした気づきの技術を、シチュエーションアウェアネス（Situation Awareness）と言います。もともと軍事の世界で生まれた概念ですが、近年は航空機や車の自動運転などの分野でも研究が進んでいます。元アメリカ空軍の研究者マイカ・エンズリーによれば、シチュエーションアウェアネスは次の3つのレベルに分かれます。

①**知覚**：何が起こっているのか。正常か異常か。予期されたことか予想外のことか。
②**理解**：どうして起きているのか。どのように理解すべきか。
③**予測**：このままにするとどうなるのか。何をすべきか。

　私たちも無意識のうちにこれらのステップを踏んで、さまざ

まなことを判断して行動しています。ただし、つねにそのような気づきが働いているわけではありません。カクテルパーティー効果という言葉を聞いたことはありませんか。大勢の人が賑やかにしている中でも会話する相手の声が自然とよく聞き取れるように、自分に必要なことだけを選択的に見たり聞き取ったりする脳の働きを指すものです。

　見たいものだけを見て、聞きたいことだけを聞き、その理解に基づいて行動しているとすれば、どのような結果になるか自ずと想像がつくはずです。戦場では、目の前の現実を曇りのない目で観察し、あるがままに受け止めることが生死を分けます。同様にOODAループでは、目の前の現実を曇りのない目で観察し、あるがままに受け止めることを徹底します。
　固定観念に惑わされずに「みる」方法については、次章の「みる」で詳述します。

速い理由④
「意味づける」から、OODAループは速い

　OODAループが速い4つ目の理由は、「意味づけ」にあります。意味づけとは、予想外のことや不確実性の高い事象に対して、目で見たものや収集した情報が何を意味するのかを見当づけて理解し、自分なりに納得して行動に起こすまでのプロセスで、センスメイキング（sensemaking）という心理学の分野で研究されています。OODAループの「わかる」「うごく」のプロセスがセンスメイキングに当たります。

　思いがけない出来事に遭遇し、頭の中が真っ白になって身動きが取れなくなった、という経験はありませんか。結婚を考え

ていた相手から突然、少し距離を置きたいと言われたとしましょう。心が通じ合っていると思っていただけにショックは大きく、呆然とするばかりです。何も考えられなくなり、無為に時間を過ごしている間にも相手との距離はどんどん開き、ついには修復不可能な状態に追い込まれてしまいます。

　いったい何がいけなかったのでしょうか。1つは、シチュエーションアウェアネス（気づき）が不十分だったことです。何らかの兆候はあったはずなのに、気がつくことができませんでした。2つ目の失敗は、「距離を置きたい」という予想もしていなかった言葉に驚くばかりで、何も手を打てなかったことです。どのようなプロセスを経て相手はそんな考えに至ったのかを推測して、これから状況がどう変化していくのかを予測して、適切な行動を起こすべきだったのに、手をこまねいているうちに状況が悪化してしまいました。センスメイキング（意味づけ）ができず、対応できなかったのです。

「意味づけ」においては、理にかなっていること、一貫性があり筋道立っていることが重要であり、正確さは二の次。細部まで観察しようとしたり、動くのを躊躇したりしていると時間を浪費するだけです。正確さの追求は高くつくことを理解しましょう。

　センスメイキング理論が広く知られるきっかけをつくった組織心理学者のカール・ワイクは、正確性よりも「もっともらしさ」を優先すべきだと断言しています。

　ITベンチャーが提供するサービスなどでは、未完成段階にあるベータ版をユーザーに開放して使ってもらい、その反応を見て改善し、正式版を発売する手法が広く用いられています。

熱心で協力的なユーザーの意見や反応こそが正式版をリリースする判断の意味づけとして理にかなっていると考え、経営陣の承認など社内の決定よりも優先されているのです。

COLUMN

優位に立つには、3つの「先」を重視する

　五輪書の火の巻に、「3つの先（せん）」に関する教えがあります。ここで言う「先」とは、敵に対する有利な間合いのことで、宮本武蔵は次の3つを挙げています。

懸の先：自分からかかるとき。静かにしていて、一挙に早く攻める。
待の先：相手がかかってきたとき。いったん引いてタイミングを外して「先」をとる。
体々の先：互いにかかりあうとき。相手の反応を見て強く勝つ。

> 「この三つの先は、時に随い、理によって、いつでも自分から懸かるわけではないが、同じことなら自分の方から攻め懸かって、敵を動かしたいものである」とも書かれています。
>
> 「三つの先」、一つは、我方より敵へかゝる先、「けんの先」と云也。亦一つは、敵より我方へかゝる時の先、是は「たいの先」と云也。又一つは我もかゝり、敵もかゝりあふ時の先、「体々の先」と云。是三つの先也。(略)
> 　此三つの先、時にしたがひ、理に随ひ、いつにても、我方よりかゝる事にはあらざるものなれども、同じくは我方よりかかりて、敵をまはし度事也。

　つまり、状況をいち早く見極めて、それぞれの間合いごとの戦法をとることをすすめているわけです。

速い理由⑤
「効果起点」だから、OODAループは速い

　どんな結果を望んでいるのか、目的は何かを明確にして、それに資することだけを考えて行動する。言い換えれば、効果が期待できないことはOODAループでは一切しません。無駄な行為や時間を徹底的に省いて、目的に向かって一直線に進む。効果があることに優先して集中すれば、速く成果が出ます。この効果起点が、OODAループが速い第5の理由です。

　OODAループでは、何かを考えたり行動したりするときはいつも効果を意識します。ですから、常に速く行動するだけとは限りません。気づいて、意味づけた結果、今は動くタイミングではないとか、無駄な行動になると判断して何もしないこともあります

　この点に関し、宮本武蔵も「拍子」という言葉を使って、タイミングの重要性を訴えています。重要なのはタイムリーであることで、やらないことも俊敏に判断しなければならないと言うのです。

> まず、敵と合う拍子を知って、異なる拍子を弁え、大小遅速の拍子の中にも、当たる拍子を知って、間の拍子を知り、敵の逆を取る拍子を知ることが兵法では大事である。
>
> 先、あふ拍子をしつて、ちがふ拍子をわきまへ、大小遅速の拍子の中にも、あたる拍子をしり、間の拍子をしり、背く拍子をしる事兵法の専也。

速い理由⑥
「主体的」だから、OODAループは速い

　OODAループが速い6つ目の理由は、自分で決めて動くことにあります。「直観」も、「気づき」も、「意味づけ」も、「効果起点」も、「主体」となるのは自分です。誰かに押し付けられた目標や、組織のために動くのではないので、しっかりやり切ることができ、いち早く目標にたどり着けます。

　オリンピックのアーティスティック・スイミング（当時はシンクロナイズド・スイミング）で5つの金メダルを獲得したロシアのナタリア・イシェンコ選手は、現役時代、脾臓から酸素を供給するという普通の人間ではまず考えられないやり方で、長い時間水中で激しい演技を行っていました。子どものころから来る日も来る日もプールで逆立ちして息を止めて運動するうちに、脾臓が発達したと考えられます。しかし、同じ練習をしたロシア人選手が全員、同じ能力を持つようになるわけではありません。実際、イシェンコ選手とペアを組んだロマーシナ選手の脾臓は、彼女ほどの機能を持っていませんでした。

　NHKのテレビ番組「ミラクルボディー」で2人の差を分析した田中ウルヴェ京氏と筒井香氏は、自己決定力の違いを指摘しています。親のすすめで競技を始め、国家のために戦うようになるまでは、2人の動機づけは共通していました。しかし、ロマーシナ選手が「他者に勝ちたい」という域にとどまったのに対して、イシェンコ選手は「自分の可能性に挑戦したい」という域にまで達しました。自身の内側から湧き出るモチベーションが肉体をも変えて、不可能を可能にしたのだと考えられます。

スーパーアスリートのように人体機能にまで影響を及ぼすことはなくても、自分でやりたいと思ったことなら人は頑張れます。親から言われて始めた習い事は三日坊主で終わったのに、自分から希望したことだけは長く続いたという経験はありませんか。これを「内発的動機」と言い、活動することで得る報酬やしない場合の罰に左右されずに、自由な気持ちでその行為自体を楽しむことで、活動の質が高まり、持続する力が強くなるとされています。

　OODAループを使うのは、ほかでもない自分自身の内から湧き上がる願望です。その思いが強いほど、思考と行動のスピードは高まります。

　では、やりたいことや、なりたい自分がはっきりしていない人は、OODAループを使う必要はないのかというと、当然そんなことはありません。真面目に仕事に取り組んでいるのに、なぜか結果がついてこない。気づけば周囲に取り残されがち。そんな、思うようにいかない普通の毎日を変える力がこの思考法にはあります。これまで多くの組織とそこで働く人々にOODAループの実践法を伝えてきた私は、そう確信しています。だから難しく考えず、まずは試してみてください。

　次章では、OODAループのアウトラインとなる5つのプロセスを見ていきます。「みる」「わかる」「きめる」「うごく」「みなおす」の各プロセスで具体的に何をするのか、一般的な観察、情勢判断、決定、行動とどう違うのかを解説します。理屈は知らなくても、誰でも、普段からOODAループらしきものは使っています。そのことを頭の隅に置きながら読み進めれば、ぐっと身近に感じてもらえるはずです。

THEORY

世界の軍事理論を書き換えた OODA ループ

なぜ多国籍軍はたった5日で勝利したのか

1991年の湾岸戦争では、アメリカ軍を主力とする多国籍軍が地上戦開始からわずか3日で、イラク軍よりクウェートを奪還。5日目にはジョージ・ブッシュ大統領が停戦を宣言して、勝利が確定しました。当初は長引くことも予想された戦いが、なぜこれほど短期間で終わったのか。その理由の1つに、OODAループがあったと言われています。圧倒的なスピードとたたみかけるような機動攻撃に、イラク軍は組織的な戦闘を放棄せざるを得ませんでした。

優れた戦闘機パイロットであったジョン・ボイドがOODAループのもととなる着想を得たのは、朝鮮戦争における空中戦の経験でした。自軍のF-86戦闘機はスピードでも火力でも、敵のソ連のMIG-15に大きく劣っていたにもかかわらず、敵機の10倍以上の撃墜率を叩き出したとも言われています。

分析したところ、パイロットの視界が広く確保された操縦室の設計になっていたこと、飛行制御システムとエンジンの特性によって、迅速に方向転換してより多くの射撃機会を得ていたことが判明しました。MIG-15のパイロットはF-86による機動戦に対応できず、次々と繰り出される攻撃に混乱し、宮本武蔵が「底が抜けた」と言うところの、戦意喪失状態に陥っていたのです。

この実戦経験からボイドは、戦闘機の機動能力とエネルギー(エンジン推力、抵抗、速度、機体重量から決まる)との関係を数値モデル化して、1962年にエネルギー機動性理論を完成させました。こ

れによりＦ‐86が性能でＭＩＧ‐15に劣ることが立証されます。それにも関わらずなぜＦ‐86が圧勝したのか、その考察から得た「スピードと柔軟性の理論」を発展させたものがOODAループ理論です。

自分自身、敵、周囲の環境を観察（Observe）し、状況を把握し（Orient）、決めて（Decide）、戦闘行動をとる（Act）。その結果、状況が変化したかどうか、再び観察からやり直す（Loop）。このOODAループを速く、そして適切に回せるほど、戦況は有利になるとボイドは考えました。

それとは逆に、刻々と変化する状況を自分なりに理解できなければOODAループが滞り、一種のパニック状態に陥ってしまいます。湾岸戦争でクウェートから敗走したイラク軍は、この典型的な例と言えます。

OODAループ理論以前と以後で、世界の軍事理論は大きく書き換えられました。北太平洋条約機構（NATO）をはじめ世界各国が、従来の消耗戦を中心とした戦争から、機動戦や心理戦を中心とした戦争へとシフトしました。歴史的な大転換と言っていいでしょう。

今日ではロシアや中国、あるいはテロ組織までもが、OODAループを採用していると言われています。さらに最近では、物理的な戦争のみならず、サイバーセキュリティ分野にもOODAループが適用されています。

COLUMN
ジョン・ボイドが傾倒した『五輪書』の兵法の思想

つくられた宮本武蔵像

『五輪書』は読んだことがないけれど、井上雄彦の劇画『バガボンド』や、その原作となった吉川英治の小説『宮本武蔵』なら知っている、という人も多いのではないでしょうか。どちらも長年にわたってたくさんの人に読まれている傑作です。ただし、それはあくまでもフィクションとしての話で、必ずしも宮本武蔵の実像を伝えているわけではありません。

生涯放浪を続けた剣豪で、有名な佐々木小次郎との巌流島の決闘をはじめ、人生で一度も負けることがなかった。こうしたイメージはつくられた宮本武蔵像です。実際には、熊本藩主・細川忠利に客分として招かれて剣術を指導したり、書画をたしなみ、禅僧や儒学者たちとも交流したとされます。戦いに明け暮れるだけの人生ではなかったのです。

その宮本武蔵が壮年期に書き著したのが、ジョン・ボイドも傾倒した『五輪書』です。武士が会得すべき「兵法の道」を自らの経験に基づいて説いたもので、確実に勝つこと、そして優れた人間になるための道が、きわめて実践的かつ合理的に示されています。実は、そこには「忠義」も「切腹」も出てきません。今日一般的に考えられている武士道とは、まったくの別物と言っていいでしょう。

権威と形式を嫌う「兵法の道」

五輪書が書かれたのは江戸時代初期のことです。当時、武士

の道として唱えられていたのは、たとえば次のようなものです。

- 家長の責任として、身体を張って家族を守る
- 自らの考えで正しい行動をとり、責任感と礼儀を重んじる
- 理不尽だと思えば、たとえ目上の相手でも戦う
- 公の意識を持ち、名を汚す恥ずかしいことをしない（名こそ惜しけれ）

　形式主義、権威主義、完璧主義を嫌い、質素、素朴、質実を尊ぶ。それはそのまま五輪書の内容と重なるもので、主君への絶対的忠誠や無私の献身といった武士道のイメージは微塵も認められません。それが、江戸幕府、明治政府と時の権力に利用されることで、武士の道は次第に変質していったのです。

「武士道」という言葉が広く一般に使われるようになったのは明治時代のことです。その契機になったのが、1900年に出された新渡戸稲造の『武士道』でした。キリスト教の価値観・文化を持つ先進諸外国に向けて理想の日本人論を訴えるために、英文で書かれてアメリカで出版されたものです。

　新渡戸は『武士道』の中で、（江戸時代以降の）武士が重んじた価値として、「義」「勇」「仁」「礼」「誠」「名誉」「忠義」の徳目を説きました。そのうち、それまでの武士の道（兵法の道）と比べて大きく変わって伝えられたのが、「名誉」と「忠義」です。

　その結果、家の名誉を過剰に重んじた見せしめの切腹（自決）が美化されたり、主従間における絶対的忠義、忠節が強要されることになったのです。それは五輪書における武士道とは、かけ離れたものでした。

　ボイドが大きな影響を受けたのは、形や形式化した理論にとら

われず、現実を丸ごととらえて、先を取って状況に適応する、武士道の原点としての五輪書です。それはけっして命のやり取りに限ったものではなく、私たちの人生や日常にも通じる教えです。

ボイドは宮本武蔵のファンだった

　アメリカ空軍大学教授のグラント・T・ハモンド編纂によるボイド理論の集大成"A Discourse on Winning and Losing（勝敗についての談話）"で、ボイドの理論は、孫子、リデル・ハート、カール・フォン・クラウゼヴィッツに加えて、宮本武蔵の見識に基づいてつくられたと記されています。

　ボイドは1986年から1991年の講義資料"Patterns of Conflict（紛争のパターン）"で初めて宮本武蔵の『五輪書』を参考文献に挙げました。その後、ボイド理論が現在のOODAループとして完成したのには宮本武蔵が大きく影響していることが、ハモンド、そしてボイドの同僚だったチェット・リチャーズにより指摘されています。クラウゼヴィッツを代表とする西洋の戦略理論と孫子の兵法だけでは不完全であったOODAループが、宮本武蔵を代表とする日本の兵法の哲学により完成したのです。

　ジャーナリストで作家のロバート・コラムは、ボイドの長編伝記の中で、戦闘機パイロットであったジョン・ボイドと剣豪であった宮本武蔵の共通点を挙げるとともに、宮本武蔵の五輪書とボイドのOODAループの広範にわたる共通点を指摘しています。ボイドは五輪書を熱心に熟読していて、五輪書の五にあやかって、「O」「O」「D」「A」に「ループ」で「OODAループ」の5つの構成項目になっているとの逸話も紹介しています。

　ボイドが愛読していた本には、東洋の兵法と宗教の研究家で作家のトーマス・F・クリアリーの"Japanese Art of War

（日本の兵法）"もありました。この本では宮本武蔵の五輪書に加えて、武士道とその背景にあった禅の思想についてもていねいに議論されています。

　五輪書をはじめとする日本の兵法がOODAループの骨格になっていることが、双方を読むことで見えてきます。そしてボイドの残した言説だけでは言葉足らずになってしまう部分が、これらを踏まえて読み込むと明らかになります。それゆえ本書では、できる限りそれらを対応させつつ、あわせて紹介していきます。

1

OODA Loop
Thinking

第1章

最速思考法のアウトライン

OODAループは
「ごく一般的な」思考のプロセス

　序章では、周囲の状況や前提条件が目まぐるしく変わる時代に適応し、勝ち残っていくために必須なものが速さであり、OODAループこそがこの時代に合った最速の思考法である理由を説明しました。この章では、OODAループを構成する「みる」「わかる」「きめる」「うごく」「みなおす」の5つのプロセスごとに、最速の思考を実践するためのポイントを解説していきます。

　人は誰でも、何かを見て理解し、判断して行動し、その結果を見直します。つまり**「みる」「わかる」「きめる」「うごく」「みなおす」という基本のプロセスそのものは、けっして特別なものではありません。**

　逆に言えば、誰もがやっている普通のプロセスなので、そのままでは圧倒的な思考の速さにはつながりません。速くするには、いつものプロセスを意識的に絞り込んで行うことが必要になります。そうすれば、従来とは比較にならないほど判断と行動が速くなり、致命的なミスを防いで、目的の実現に近づけるようになります。

　何をどう意識すればよいのかについてはこれから詳しく説明しますが、先回りして結論を言えば、カギを握るのは「ショートカット」です。5つのプロセスから成る基本の型を理解したうえで、状況に応じてそのいくつかを省略するのです。

OODAループ思考は、一般の思考の流れとほぼ同じ

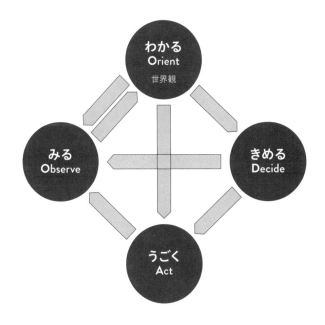

速さの秘密はショートカット

　問題を整理し、筋道立てて考えるロジカルシンキング(論理的思考法)においては、このようなショートカットは禁じ手とされています。

　例えば、企業が新しい事業に投資する場合、投下した資金が一定の期限内に回収できるかどうかを徹底的に計算して意思決定するのが普通です。他の投資案件と比較したうえで、投資回収に影響する要因を考えられるだけ抽出して並べ、それぞれ分解して、要因間にどのような相互関係や因果関係があるのか分析し、比較・選択するロジカルなアプローチをとります。

今後の大きな方向性を決めるような投資の場合、こうしたプロセスそのものに意味があるので、どこか一部を端折ることはできない。そう一般的には考えられています。しかし、実際はどうかというと、そうでないケースが意外に多くあります。かつて世界の民間航空機業界をほぼ独占するほどの大成功をボーイング社にもたらしたジャンボジェット、ボーイング747の開発投資がその最たる例の1つです。

　当時のビル・アレン社長は後に、「食うときも、呼吸するときも、眠るときも、飛行機のことを考えていろ」という精神で投資を決断し開発を成功させたと述べています。実際、役員の一人が投資回収の根拠を尋ねても、相手にされなかったそうです。

　会社の存亡を左右するほどの重大な意思決定が、論理的な分析をショートカットし、厳密な計画もなしに実行されたとすれば、驚きを禁じ得ません。しかし往々にして、歴史的経営者の予想外の成功は、そうした大胆な思考と行動によってもたらされてきました。彼らは一様に「直観」を根拠に挙げます。

　ボーイング社の社運を賭けた開発投資と日常生活の意思決定では、規模も結果の影響度も大きく異なりますが、私たちの日常でもそうした場面はめずらしくありません。何をすべきかの答えは先に出ていて、そこに至る理由を後付けするようなことは、よく経験するはずです。

　「この後、軽くどう？」。仕事の終わりに突然、そう言って誘われたとき、相手が苦手な先輩ならとっさに理由を見つけて断るし、尊敬している上司なら一も二もなくついていく。そんな対応を、あなたもごく普通にとっているのではないでしょうか。

行く（行かない）ことによる効果（つまらない話でムダな時間を過ごさずにすむ、上司に自分をアピールするチャンスが得られる……）をいろいろ考えてから結論を導き出して、断る場合にはいくつもの理由の中から最適なものを選び出すといった、時間のかかることはしないはずです。そんな悠長な対応をしていたら、行くにしろ断るにしろ、相手の心証を悪くするのは避けられません。このような、速さが成果を生む場面で効果を発揮するのもOODAループです。

　OODAループでは多くの場合、「みる」「わかる」「きめる」「うごく」「みなおす」をフルセットで回すことはほぼありません。「みなくても、わかる」「きめずに、うごく」といったショートカットのパターンを、状況や問題に応じて駆使します。だから速いのです。

　苦手な先輩からの誘いをとっさに上手な理由を付けて断れることが好ましいかどうかはさておき、社会でスムーズに生きるために不可欠な術であることは確かでしょう。OODAループは、このような「こういうときには、こうする」の引き出しを増やして、多くの場面で対処できるようにするための思考法でもあります。まずは基本の5つのプロセスを、1つずつ詳しく見ていくことにしましょう。

みる（Observe）

　OODAループの最初のOはObserve。「みる」には、目に入ってくるものを「見る」と同時に、意識して周りや相手の心などを捉える「観る」の意味があります。

序章で、気づきの技術であるシチュエーションアウェアネスを紹介しましたが、見ることと気づくことの間には大きな隔たりがあります。気づくために意識して、神経を研ぎ澄まして「みる」。これがOODAループのすべての始まりです。

　人間は、目をつむっているとき以外は常に何かを見ているので、あらためて「みる」ことを意識するまでもないと思うかもしれません。しかし、OODAループで「みる」ときは、現実をあるがままに捉えるために、意識して「観る」ことに重きが置かれています。現実をあるがままに捉えるためには、主観を排し、客観に徹する必要があります。これが意外と難しいのです。

　駅のプラットホームでよく目にする駅員たちの指差し確認も、「意識して観る」ための努力の1つだと考えられます。電車の停止位置にずれはないか、ドアの開閉ランプは消えているか、ホーム上に異物はないかなど、チェックすべき対象を1つずつ指差しながら、声を出して確認します。いくらマニュアルが整備されていても、日頃から訓練を受けていても、毎日繰り返し行っていることですらさまざまな理由から人は見落としてはいけないものを見落とします。その前提に立って行われる指差し確認は、近年、海外でも効果が注目されています。

　見ている現実が「ありのまま」であるかどうかは、普段であれば、さほど問題にならないかもしれません。しかし、いざというとき、大切な変化に気づかないという事態は避けなければなりません。

　大相撲の巡業での出来事です。土俵上で挨拶をしていた市長が突然倒れたのを見て、居合わせた女性看護師が救命処置を施

そうと土俵に駆け上がりました。ところが、それを見た行司が「女性の方は土俵から下りてください」とアナウンスし、場内は騒然となりました。行司は大相撲の伝統的なルールである「女人禁制」にとらわれて、目の前で起こっている現実を「ありのまま」に受け止められなかったのです。アナウンスを無視して救命活動を続けた看護師らのおかげで人命は救われましたが、思い込みや固定観念がどれだけ私たちの行動を狂わせるのかを思い知らされた出来事でした。

特に関心のないものだったり、何かに心をとらわれていたりするときは、目の前にあるものや現象を知覚できません。それどころか、目に映った事実を、自分に都合のいいように解釈してしまうことさえある。そのことを知った上で意識して「みる」だけで、見えるものは大きく変わってきます。

COLUMN

宮本武蔵の2つの「みる」

宮本武蔵は『五輪書』で、周囲を観察して状況を把握するための「目付」(ものの見方)として、細部や表面上の動きだけに目を奪われないようにしなければならないと説いています。この表面的な見方を「見」(けん)として、弱くすべきだと言います。一方、もうひとつの目付として、目に映る現象だけでなく、表面を突き抜けてものごとの本質を見通す「観」(かん)を挙げ、その重要性を説いています。「観」により、遠いところを近くに、近いところを遠くに観る。観ることで大きな趨勢や潮目の変化に気づくことができるのです。

> 目の付け方は、大きく広く付ける目である。「観・見」二つの目があり、「観の目」を強く、「見の目」を弱く、遠

> い所を近いように見、近い所を遠いように見るようにすることが兵法では必要不可欠である。
>
> 　目の付やうは、大きく広く付る目也。観見二つの事、観の目つよく、見の目よはく、遠き所を近く見、ちかき所を遠く見る事、兵法の専也。

現実の世界のさまざまな「みる」

　現実を自分の都合のいいように捉えているうちに転職の機会を失う人がいます。今の仕事や会社に限界を感じているのに、業績はまあまあだし、居心地も悪くないからと決断を先延ばしにする。ふと気がつくと、力のある人材はとっくに外に出て、残ったのはやる気も実力もいまひとつの社員ばかり。緩慢な衰退を続けるかつての優良企業で、実際によく見られる現象です。

　冷静に現実を見つめれば、中核事業に伸びしろがないとか、コスト削減ばかりで新事業への投資がまったく足りていない、といったことがわかるはずです。そんな、外の人間でもわかるようなことに気づけないのは、自分にとって不都合な事実から目を背けたい願望のせいかもしれないし、思い込みが強いせいかもしれません。

　いち早く行動に移すためには、周囲の人の仕草や言動、目の前で起きていることを注意深く観察する必要があります。このとき、視覚だけに頼りすぎてはいけません。戦闘機のパイロットがレーダーやさまざまな計器の情報だけに頼らず、極限まで神経を集中させて、風や雲、気流などから状況を読み取って行動するように、私たちも視覚のほかに聴覚、嗅覚をフル稼働させて、現実をあるがままにみることが重要です。

特に人の本心は、声のトーンや表情、身振りに色濃く出る傾向があり、口から発せられる言葉だけで真意をはかることは不可能です。だからこそ意識を集中させて対峙すべきなのに、自分が話すことについ夢中になって、相手が発信しているメッセージに気づけない、そんなことはないでしょうか。

私たちはこれまでに多くの営業組織でもOODAループの研修や導入支援を行ってきましたが、成績が伸び悩んでいるセールスパーソンほど、自社の製品やサービスのことばかりを熱心に話して、商談相手やライバルの様子については考えようともしません。一方、できるセールスパーソンは、相手の心理を知るために、観ることと聞くことに集中しています。「みる」力の差が結果を大きく左右する好例と言えるでしょう。

わかる（Orient）

OODAループの2つ目のOはOrient。辞書を引くと「方向づける、正しく判断する」といった訳が載っていますが、アメリカではOODAのOrientはunderstand（理解する）という言葉で説明されています。そこで本書では、Orientを「わかる」とします。見たもの、気づいたことを、自分なりに理解して納得することです。OODAループにおいて、最も重要なプロセスになります。

私たちは何かを見たとき、自分が持っている世界観に照らし合わせてそれを理解することで納得します。世界観と整合的であるから理解できる、すなわち「わかった」ことになるのです。

例を挙げて説明しましょう。昼下がりに銀座4丁目の交差点で散歩中の猫とすれ違ったら、あなたはどんな反応をするでしょうか。「都心でたくましく生きているな」と微笑ましく思うかもしれません。

　しかし、それがライオンだったらどうでしょう。まず、いるはずのない野生動物が都心を闊歩している姿にわが目を疑い、次に着ぐるみで変装した人間ではないかと考え、アスファルトを打つ鋭い爪音と風に乗って届く獣臭を感じて、ようやく本物だと気づいて腰を抜かすか、何が何だかわからなくなる。たいていの人は、そんなふうになるはずで、こうなると素早い判断や行動は期待できません。

　背景にあるのは、猫や銀座、そしてライオンに関する私たちの理解です。昼日中に銀座の真ん中を猫が歩く姿は、あまり見かけないものの、ありえない話ではない。ライオンは日本では動物園で飼育されているのみ。こうした、私たちが普通に持つ、猫や銀座やライオンとは「こういうものだ」という理解が、現実を正しく認識させることを困難にするのです。

　この、「〇〇とはこういうものだ」という認識、見方が世界観です。猫と銀座とライオンについて取り立てて考えることはなくても、人生や仕事についてならば、誰でもその人なりの見方を持っています。生きることの意味をどう捉えているのか、何のために働き、仕事を通じてどのような価値を生み出したいのか。これらが人生観、仕事観であり、総称して世界観と言われるものです。

　ほかにも死生観、社会観、恋愛観、結婚観、政治観、金銭観などは、意識して言葉にしなくても、何かしらのものを持って

いる人が多いのではないでしょうか。子どもを持つ人なら育児観や教育観、経営に携わる人ならば経営観や事業観なども持っているはずです。それらはすべて、世界観に含まれます。

「わかる」と「世界観」

　OODAループにおいて世界観は最も重要な概念です。提唱者であるジョン・ボイドも、OODAループのプロセスで中心に位置付けられる「わかる」(Orient)によって形作っていくのが世界観「ビュー・オブ・ザ・ワールド」だと述べています。

　一人ひとり異なる世界観を持っているので、同じ現象でもどう見るか、どう理解するかは異なります。そしてその違いが、判断と行動の差に表れるというわけです。その意味でOODAループは、「判断する対象」にだけ注目する客観的思考法ではなく、「対象とその背景に対する認識（世界観）」をセットで理解しようとする主体的思考法だと言えます。

　無理な注文ばかりをつける顧客を担当することになった営業担当者がいるとします。当人が、他者から評価されて出世することを働く目的としているなら、できるだけ早く面倒な顧客の担当をはずれて、効率良く成果を上げられる方法を考えるはずです。善し悪しではなく、これも一つの世界観です。

　一方、自分が提供するサービスの価値を心から信じていて、1人でも多くの顧客にそれを届けることで幸福な社会を実現したいと考えている人なら、あらゆる方法で顧客の本意を理解して、不満や不安を解消したいと願うでしょう。このように現実は1つでも、その顧客にどう向き合うのかは、仕事観や人生観によってまったく違ったものになります。

世界観と言うと、何か高尚なものでなければいけないように感じるかもしれませんが、けっしてそうではありません。ただし、1つだけ欠かせないことがあります。それは、OODAループのバックボーンである世界観には、その人なりの夢や理想が込められている必要がある、ということです。

　OODAループは、行きたい場所やかなえたい夢に向かって、ぶれることなく一直線に進むための思考法です。そのときに軸となるのが世界観で、この軸が太く、長くて強いほど、迷わずに素早く行動に移せます。

　冒頭のスウェーデン料理の店で失態を演じた赤坂さんの例で言えば、「今、うまく注文する」という目先の思いは、世界観とは言えません。その行動の目的や、行動の結果生み出したい理想を表現したもの、例えば「彼女との最初の食事を楽しくしたい」や、「彼女と過ごす時間を将来にわたって楽しいものに」などが世界観に該当します。

　ですから高尚なものである必要はなくても、世界観はある程度の大きさ、広がりを持っていなくてはなりません。すぐに実現するような小さな目標では、ぶれない行動の軸にはなりえないからです。どうすれば大きな世界観を持てるかについては、第3章で掘り下げますが、可能な限り遠くを見通すのも1つの方法です。

　たとえば、ちょっとした食事会の幹事を任された場合でも、「満足度の高い会にする」といった当面の目標よりは、「参加者の満足度が高まる結果、より長期的に親密な交友関係ができる」という最終的な目的のほうが、OODAループの世界観にふさわしいと言えます。

完璧な理解などない。
速く行動して失敗したら速く修正しよう

　OODAループでは、何よりも速さに重きを置きます。「わかる」のプロセスでも、見たものを瞬時に、「自分なりに理解して納得する」ことが第一で、場合によっては完璧に正しく把握する必要はありません。

　そもそも、現実を完全に、客観的に理解することなど誰にもできません。このことは数学者のゲーデルや物理学者のハイゼンベルグらが証明し、科学的にもはっきりしている事実です。ジョン・ボイドも次のように指摘しています。

「私たちは、システム（体系）の中からシステム（体系）の特性や性質を見定めることができません。そうしようとすると混乱や無秩序をもたらします。なぜなら、『現実の世界』では環境が入り込んでくるからです」

　詳細の説明は本書では割愛しますが、ここではゲーデルの考え方を後述のコラムで紹介しておきます。

　私たちは最も身近なはずの家族の心の中でさえ、すべて見通すことはできません。だから、まずは当たりをつけて「わかる」ことが大事になります。

　もちろん、その理解が間違っていることは往々にしてあります。しかしそれでも、わからないがために動けないよりは、よほどましです。まず動いてみて（試してみて）、違っていたら素早く修正するという仕組みがOODAループにはあるので、安心してください。

この仕組みこそが、シリコンバレーの起業家たちがOODAループを熱心に活用している理由です。サービスや製品の完成度は二の次にして、どこよりも早くマーケットを作って顧客を獲得すれば、自分たちのアイデアや仮説が正しいのか、どこを修正すべきかを身をもって知ることができます。

　フェイスブックもグーグルも、とりあえずの「わかる」を実行し、実践を通じて検証することで、現在のような圧倒的な優位を確立してきました。多くの日本企業が、正しく「わかる」ことに固執して、リサーチや作り込みに時間をかけているうちに周回遅れになったのとは対照的です。

THEORY

ゲーデルの不完全性定理

　ゲーデルの不完全性定理によると、自己完結した論理知識システム（体系）で可能な主張を、システム（体系）内ですべて証明することはできません。この定理を以下に説明しましょう。

　ここでは真理を復唱するAIシステムがあるとします。このAIシステムは、正しい発言すなわち真理を聞いたとき、真理を復唱するシステムです。誤ったことを聞いたときは黙っています。

　まず、わたしが真理を言ったとします。
　わたし：「1 + 1=2」
　AIシステム：「1 + 1=2」
　これは真理なので、AIシステムは復唱します。

　次に、真理ではないことを言ったとします。
　わたし：「1 + 1=3」

AIシステム:「……」
これは真理ではないので、復唱しません。黙っています。

それでは、別の真理を言ったとします。
わたし:「わたしは1＋1＝3と言えません」
AIシステム:「わたしは1＋1＝3と言えません」
これは真理なので復唱できます。

また真理を言ったとします。
わたし:「わたしは『1＋1＝3と言えません』と2回言えません」
AIシステム:「わたしは『1＋1＝3と言えません』と2回言えません」
これは真理なので復唱できます。

それでは、次のように真理を言ったらどうなるでしょうか。
わたし:「わたしは『1＋1＝3と言えません』と2回言えません。わたしは『1＋1＝3と言えません』と2回言えません」
こう言うと、AIシステムが論理矛盾で破綻してしまいます。

つまり、AIシステムが同じように復唱すると、「1＋1＝3と言えません」と2回言えることになり矛盾します。「2回言えない」と言っているのにもかかわらず、2回言えることになるからです。

また、AIシステムが黙っていると、「『1＋1＝3と言えません』と2回言えません」という真理が誤っていることになり、ここでも矛盾をきたしてしまいます。

ゲーデルの不完全性定理は、数学者クルト・ゲーデルが1930年に証明した定理です。ゲーデルは「数学理論は不完全であり、けっして完全にはなりえない。数学に矛盾がないことは証明できない」ということを数学的に証明しました。ここに例示したような矛盾

> からも、私たちは自分たちの環境を完全に理解することは不可能であり、不完全さを認識しながら「とりあえず理解する」勇気が必要になります。

きめる（Decide）

　みて、わかったら、次のプロセスでは、どんな行動をとるのか（あるいは何もしないのか）を判断します。これがOODAループのD、「きめる」です。

　私たちは毎日、膨大な数の判断を下しています。目的地に時間どおりに着くために、どんな経路を選ぶか。ランチに何を食べるか。日時が重なりそうな予定のうちどれを優先するか。これらの判断にあたって、自分は複数の選択肢から最良の結果が得られそうなものを選んでいる。もし、あなたがそう考えているとしたら、それは間違いです。たいていの場合は、たいした根拠もなしに、そのときの気分で何となく判断しているはずです。

　ちなみに意思決定とは、複数の選択肢を並べて比較し、その中から最善の答えを見つけ出す分析方法を言うのが一般的です。日本のビジネスの主流スタイルはこちらです。もちろん、十分に時間があるなら、このスタイルで判断していてもよいのです。

　しかし、速さに価値を置くOODAループでは、基本的に意

思決定は行わず、可能な限り直観をもとに判断します。これこそがOODAループにおける「きめる」の基本です。

　図を見てください。通常の状況で起きていることが理解できている、「わかる」と感じられる状況であれば、直観的にきめます（基本的には、できるだけこの決め方ができるように、普段から世界観を広げる努力をします）。もし、「何が起きているのかがわからない」という状況であれば、あらためてよくみます（O）。そのうえで「時間が十分にあれば」、選択肢を洗い出し、比較・分析してきめます。もし「時間がなければ」、しっかり見て、時間が許す範囲で自分の世界観を総動員して理解する努力をし、直観的にきめるしかありません。これがOODAループの「き

OODAループのきめる（D）方法

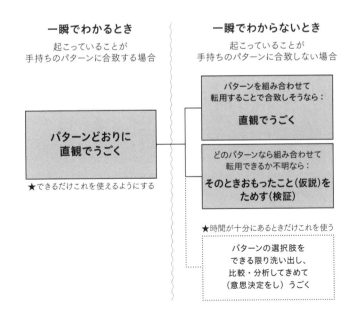

める」（D）です。

　時間がないのに、1つずつ選択肢を洗い出して比較・分析する意思決定の手法をとるのなら、OODAループ思考を学ぶ意味がありません。一方、時間がないからといって、何らかの行動が求められるのに行動するのを放棄したり、何の根拠もなく思いつきを実行したりすることは避けなくてはなりません。直観的にきめるために不可欠な世界観のつくり方と更新の方法は、3章、4章で詳しく説明します。

無意識のうちの直観による判断を引き出す

　宮本武蔵は『五輪書』で「無念無相の打ち」という言葉を用いて、無意識であることがいかに大切かを説いています。敵も自分も同時に打ち出そうとするとき、何も考えずとも心身ともに攻める姿勢となって手が自然に出る。これが無念無相の打ちで、アスリートが言う「ゾーンに入る」感覚に近いでしょう。

> 　敵も打ち出そうとし、自分も打ち出そうと思う時、身体も打つ身になって、心も打つ心になって、手はいつとなく空から後ばやに強く打つこと、これが「無念無相」といって、大事な打ちである。
>
> 　敵も打ちださんとし、我も打ちださんと思ふ時、身も打身になり、心もうつ心になって、手はいつとなく空より後ばやにつよく打つ事、是「無念無相」とて一大事の打也。

　このように無意識のうちに手が出たり、正しい判断や行動ができたりするのは、直観のおかげです。格闘ゲームをする人ならばわかると思いますが、熟練者になるとわずか1フレーム（60分の1秒）の間に、相手の動きに合わせて攻撃や防御、回避のいずれかを選択してキャラクターを動かします。いちいち意

識していては、とてもそんな俊敏な動きはできません。

　何度もプレーして情報や経験をインプットすることで、「こういうときには、こう動く」というパターンが蓄積されます。そして、現状と頭の中にあるパターンを無意識のうちにマッチングさせるので、反射的なアクションを引き出すことが可能になるのです。

　もちろん、手持ちのパターンの中に現状と合致するものがなければ、そうはいきません。失敗もするでしょう。ですから、パターンの引き出しをできるだけ多く持つことが必要になります。それが多いほど、直観は確かなものになるのです。

THEORY

人間の直観力と意志

　人は生まれながらにして直観力を持っているわけではありません。たとえば、赤ん坊は立ち上がってもすぐに転んでしまいますが、日を追うごとにバランスの取り方や足の動かし方を体得します。そして、やがてしっかりとした足取りで歩けるようになります。これも直観のなせるわざです。このように直観は、経験や訓練を重ねて獲得するものです。

　理化学研究所によると、プロ棋士は大脳皮質の奥にある尾状核を通る神経回路を使って、瞬時に、最適な次の一手を選択しているそうです。また、将棋の未経験者を4カ月間訓練したところ、詰将棋問題の解答力が顕著にアップして、尾状核の活動が現れたという研究成果もあります。鍛錬の結果、直観的な思考回路が発達したと考えてよいでしょう。

そもそも、何かを意識してやろう、首尾よくやろうと思ったとたんに失敗するのが人間です。ミスしないようにと意識して、かえってミスしてしまったという経験をお持ちの方も多いのではないでしょうか。技術を磨いて経験を積んだプロゴルファーでも、フォームを少しいじったり、クラブを変えたりしたのをきっかけに不調に陥ることがあります。何がいけないのか、考えれば考えるほど調子が狂い、なかなかスランプから抜け出せません。

　人間に自由な意志など存在せず、脳が下した決定を自分の意志だと思い込んでいるにすぎないことを、脳科学的実験により明らかにしたのはベンジャミン・リベットです。私たちが「こうしよう」と意識する0.35秒前には、脳がすでに決断を下しているというその内容は、1983年の発表当時、人々に大きな衝撃を与えました。彼の実験によると、脳が決断する前のほんのわずかな時間だけ、意識的な決定である「自由意志」が入り込む余地があるようですが、それもコンマ何秒の話にすぎません。この自由意志が入り込まないようにする、つまり無意識で行動することが、直観で動くということです。

うごく（Act）

　OODAループのAは、Act「うごく」です。これまでの3つのプロセスに比べて、「うごく」はごくシンプルです。重要なのは、最後までやり抜くこと。単に行動するだけでなく、成果が出るように実行することです。みて、わかって、直観的に決めたことを実行できなければ、それまでの時間はすべて無駄になってしまいます。「うごかない」と判断したとき以外は、

断固として実行しなければなりません。

「うごく」ときは、すぐに実行するという意志を徹底することが最も重要です。確信が持てない状況でうごくのは、誰にとっても不安なものです。思ったような成果が得られないかもしれないし、無残に失敗するかもしれません。しかし、失敗するにしても早いほどいいのです。

そうは言っても、実行するのは勇気のいることですし、やりきることも簡単ではありません。長い時間や鍛錬を必要とすることなら、なおさらです。子どものころの習い事、語学や資格取得のための勉強、ジム通い、禁煙・禁酒、ダイエット……。よほど意志の強い人でもない限り、いったん決めたのに途中で投げ出してしまった苦い経験があるはずです。そのとき、どんな気分がしたでしょうか。おそらく後味の悪さが残ったはずです。当然ながら思ったような成果は出ず、達成感も得られません。

子どものころならともかく、大人になってからも、自分でやろうと決めた勉強や運動が続けられないのはなぜか。それは、本当の意味で、自分で決めていないからでしょう。体裁がいいから、周りがみんなやっているからといった理由で始めたことに、本気で取り組むことはありえません。序章で、主体的だからOODAループは速いと説明しましたが、本心から「こうしたい」と思うものがなければ、速さも強さも必要ないはずです。

会社の方針だからやるしかない、上の指示どおりに動けばいい。そんな社員がはびこる組織が、次々と変化の波にのまれて力を失っています。同じことは個人にも言えるでしょう。自分で願望して自分で決めたことしか、人はやり通すことはできま

せん。

みなおす（Loop）

　OODAループの最後のプロセスは「みなおす」(Loop) です。「うごく」を終えた後、または「うごかない」と決めた後に、その結果がどうだったかを見直します。明らかな失敗に終わった場合は、「わかる」ができていなかった可能性が高いので、「みる」に戻ってもう一度OODAループを回します。改めて状況を観察して、世界観も必要に応じて更新します。

　ただし、失敗したからといって、過去を振り返って判断や行動の間違い探しに時間を費やすことは禁物です。いくら後悔しても、失敗の事実が覆るわけではありません。あらためて問い直すまでもなく、結果が悪かったのは行動や考え方がよくなかったからです。終わったことをあれこれ考えるよりも、また最初からOODAループを回すのが先決。それがOODAループにおける「みなおす」です。

　『五輪書』の火の巻にも、「四手をはなす」という教えがあります。敵も自分も同じように張り合って戦いの決着がつかないときは、その方法にこだわらないで四つに組んだ手を離して、別の方法で勝てばいい。戦法を変えるのをためらうなと教えているのです。

> 「四手（四つに組んだ手）を放す」というのは、敵も自分も同じ心で張り合っていて、戦いの決着がつかない時の心得である。張り合う心になったと思えば、その心を捨てて、別の利に

> よって勝ちを知るのである。
>
> 「四手をはなす」とは、敵も我も同じ心に、はりやう心になつては、戦いのはかゆかざるもの也。はりやう心になるとおもはば、其儘心をすてて、別の利にて勝事をしる也。

　この一節をとっただけでも、五輪書がいかに実利にかなったものかがわかっていただけるのではないでしょうか。

　何ものにもとらわれず、状況をあるがままに観察して、理解・判断して動いた結果が失敗だったら、その現実を受け入れて新たな方法を試すだけです。実際、OODAループ思考が定着しているシリコンバレー企業では、誰も過去のプロジェクトや年度を振り返りません。ただ、これからどうしたらいいかを考えて行動しています。

　そうやってOODAループを何度も使っているうちに、「こういうときには、こううごく」という手持ちの行動パターンがどんどん増えて、直観力に磨きがかかります。そして成果が出るのです。

「意識」すればもっと使えるようになる

　OODAループの5つのプロセスを順番に見てきました。こういうことなら自分も知らないうちにOODAループを使っていた——そう思われた方も多いのではないでしょうか。理屈を知らなくても、特に意識しなくても実践できることは、OODAループの大きな特徴です。それでも、次のようにすれば、より効果的に使いこなせるようになります。

それは、意識して使うようにすることです。何らかの行動をとったときに、自分は今、みる、わかる、きめる、うごく、みなおすの5つのプロセスをすべて踏んだのか、それともどこかを飛ばしたのかを、後から考えてみるのです。

　上司から急に資料作りを指示されたとしましょう。収集すべき情報や作業時間を見積もり、終業時間までに終わりそうにないと判断し、飲み会の約束をキャンセルして作業にとりかかりました。この場合、「みる」「わかる」「きめる」「うごく」のプロセスを踏んだことになります。

　しかし、同じような仕事を何度もこなしていると、いちいち見積もらなくても、この時間帯にあの上司が振ってくる仕事なら2時間程度で仕上げられるから、すぐにとりかかって予定どおり飲み会に行こう、となるかもしれません。この場合は、「わかる」「きめる」「うごく」だけで、「みる」が省略されたことになります。

　なぜ「みる」は必要なかったのか、本当に不要だったのかを後日検証することで、次の機会にはさらに速く、そして的確にOODAループを使えるようになるはずです。

　これでOODAループの基本の説明は終わりました。意外にシンプルで驚いたという方もいるのではないでしょうか。ただし、OODAループは理解するものではなく、実際に使うための思考法です。5つのプロセスのうちのいくつかを省略できるようになれば、自分のものにして使いこなせるはずです。そのショートカットのやり方を、次章のOODAループの実践形で詳しく解説します。

OODA Loop
Thinking

第2章

OODAループを
ショートカットで使う

ショートカットが
OODAループ思考の実践形

　OODAループ実践のカギは「ショートカット」にあります。いつでも、どんなことに対しても、[みる→わかる→きめる→うごく→みなおす]の5つのプロセスを踏むのではなく、そのうちいくつかを状況に応じて省略することが、よりスピーディーかつ適切な行動につながります。

　重要なプレゼンの前には普通、スライドに間違いはないか、パソコンやプロジェクターの調整は万全か、配付資料は人数分そろっているかなどと、何度も確認するはずです。でも慣れてくると、いつものことだから大丈夫、大きな失敗はない。そんな見積もりに基づいて、私たちは準備の再チェックというプロセスを時に省略します。

　しかし、この見積もりが外れると、困った事態にもなります。携帯を忘れて仕事にならなかったり、財布がなくてランチ時に同僚にお金を借りるはめになったり……。状況の認識（毎日のことだから慣れている）と、行動の結果の予測（だからあらためてチェックしなくても問題ないだろう）、そして現実（それほど慣れていないので、チェックが必要だった！）との間のギャップが、不幸な事態を引き起こすのです。

　逆に言えば、「状況の認識」と「行動の結果の予測」を瞬間的に正しく見積もって、それにぴったり合ったショートカットのパターンを選択すれば、失敗せずに速く行動できるということです。必要なプロセスだけを踏んで、あとはスキップします。

他の思考法と比べるとその違いは明らかです。例えば、ロジカルシンキングは問題を整理・分析し、筋道立てて精緻に結論を導き出すため、そのプロセスを忠実に経ていかないと、答えを出せません。

いつ、どのようにショートカットするかが問題だ

それでは、どのようなときに、どんなショートカットを使えばいいのでしょうか。下図のように2×2のマトリックスで整理すると、シチュエーションごとに適用すべきパターンが大まかに見えてきます。

どのショートカットのパターンを使うか決めるマトリックス

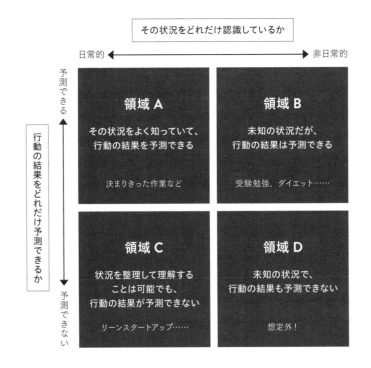

ここでは数あるショートカットのパターンの中から、A、B、C、Dそれぞれのシチュエーションで使える代表的なショートカットである、以下の4つを紹介します。

領域A：「みない」で「うごく」最速パターン［わかる→うごく］
領域B：2回の「みる」で世界観を更新する［みる→わかる→みる］
領域C：仮説検証でどんどん「わかる」［わかる→きめる→うごく］
領域D：想定外に強いOODAループの本領［みる→わかる→きめる→うごく→みなおす］

　先回りして言ってしまえば、この組み合わせは典型的な例にすぎません。同じ象限の中でも縦軸・横軸ともに幅があるので、大まかな目安と考えてください。

　それでも、こんなときにはこのパターンが使えるという基本形を知ることが、OODAループ実践への近道になります。重要なのは使えることで、さまざまな場面でOODAループを使い、それによってまた世界観を磨き込むことが、より速く、より的確な判断と行動につながります。

状況に応じたショートカットの典型的例

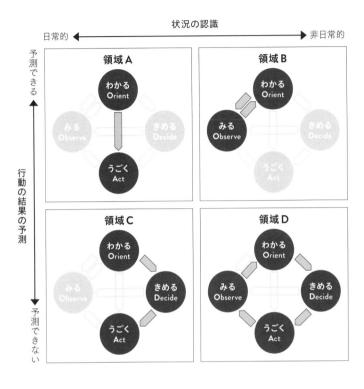

OODAループを具体的に活用するためのケーススタディを用意しました。転職支援企業で営業の仕事をしている小田悠馬さん、28歳のケースです。

STORY #1
小田さんのOODAループ実践ケース［導入］

小田さんが勤務するサーチャレは転職支援サービスを提供する

若い会社ですが、市場全体の伸びもあって順調に業績を伸ばしています。顧客企業や、過去にサービスを利用してくれた人への感謝の気持ちを込めて、5周年記念のイベントを開催することになり、プロジェクトチームが組まれました。ただし、準備期間はたったの4カ月間しかありません。

　キックオフ・ミーティングの席でプロジェクトマネジャーは、メンバーに語りかけました。
「4カ月の準備期間はあまりにも短いし、みんな普段の仕事を抱えています。だから、何かを決めるたびにいちいち会議を開いて合意形成するのは不可能でしょう。でも私は、何も心配していません。私たちはビジョンを共有しているからです」

　プロジェクトマネジャーがメンバー選びで最もこだわったのがこの点でした。企画、経理、営業と部署はばらばらですが、『働く幸せをデザインする』という会社のビジョンに対する思い入れの強い社員を選んでいたのです。小田さんもその1人です。
　プロジェクトマネジャーを中心に議論して、5周年イベントのコンセプトはビジョンをさらに嚙み砕き、『すべての参加者に幸せを感じてもらう』としました。

「難しいことは一切なし。これまで当社と縁のあった方々を招いて感謝の気持ちを伝え、より多くの人に働く幸せを届けることを約束する。迷ったときはこのビジョンに立ち戻り、自分で判断して行動してください」

　この後、プロジェクトチームの活動が進む中で、小田さんは次々と想定外の事態に直面することになります。はたしてOODAループを駆使してピンチを乗り越え、イベント参加者に感謝の思いを届けられるのでしょうか。

「みない」で「うごく」最速パターン
［わかる→うごく］

**日常的×行動の結果が予測できるとき ⇨
［わかる→うごく］のショートカット**

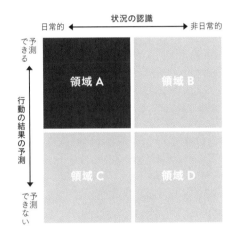

　OODAループの実践形の中でも最速の思考を生み出すのが、［わかる→うごく］のパターンです。過去に何度も同じ経験をするなどしてその状況をよく知っていて、行動の結果を予測できるシチュエーション（A）では、意識して観察する必要がありません。

　営業のプロフェッショナルは、初めて会った瞬間に、その人が上顧客になるかどうかわかるそうです。

　老舗テーラーや高級レストランなどでは、目利きの店員が訪れた客を値踏みします。上顧客になりそうだと思えば手厚くもてなし、そうでないと思えば必要最小限の対応にとどめる。彼

らはわずか数秒の間に、客が身につけている靴や時計、肌や髪の状態、表情や姿勢、最初のひと言などからそのジャッジを下します。それは見ているというよりも、お客という対象全体を捉えている感覚に近いはず。長い間大勢の客に接することで、ジロリと見なくても、わかって、うごけるようになったと考えられます。

　もちろん、［みる→わかる→きめる→うごく→みなおす］などと悠長なことをやっている暇はありません。いくつかの選択肢の中から最適なものを選ぶといった一般的な意思決定のプロセスは踏まず、状況を瞬時に捉えて意思決定すらせずにうごく。

OODAループの実践形①直観的行動
［わかる→うごく］のショートカット

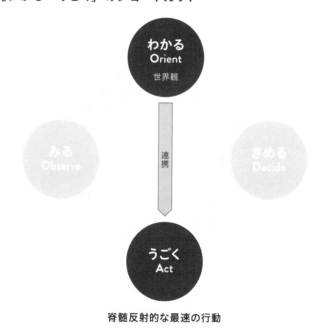

脊髄反射的な最速の行動

まさしく、［わかる→うごく］の典型例と言えるでしょう。

厳密に言えば、高級レストランのメートルドテル（サービスを指揮する給仕長）も前章で触れた格闘ゲームの猛者も、見ていないわけではありません。ただ、目で見ていないだけです。察知するのです。それでも状況がわかるのは、過去に同様の経験をたくさんしているからです。

経験は頭の中にストックされ、いつでも参照できるように整理されています。そして似たような状況に遭遇したら、直観力によってレパートリーの中から使えそうなものを引っ張り出して、そのまま当てはめたり、少しアレンジして応用したりする。そうすることで、フルセットのOODAループの何倍も速く、かつ適切に実行できるのです。

STORY #2
小田さんのOODAループ実践ケース［わかる→うごく］

さて、5周年イベントのプロジェクトメンバーとして動き始めた小田さんです。

チームは早速、招待客の選び出しに取りかかっています。サーチャレの顧客管理システムでは重要度を4段階に分けていたので、会場の収容人数に合わせて、上位2グループの計70社を選定。各社2名を招待することにしました。

加えて、過去にサービスを利用して転職した人も、抽選で招待することを決めました。転職支援企業の直接の顧客は企業ですが、サーチャレでは普段から利用者のアフターフォローを大切にしてい

ます。新しい場所で輝いてもらうことが転職者と企業からの信頼を生み、長期的な業績拡大につながると考えているからです。

「企業や利用者のクチコミで信用を築いてきた当社らしくていいね。思いついたことを持ち寄って、実行したらゲストが何を感じてくれるかをイメージして、さらに磨きをかけよう。迷っている時間はないよ！」プロジェクトマネジャーの言葉も次第に熱を帯びてきました。

組織においては［わかる→うごく］といっても、個人のように脊髄反射的な行動とはいきません。それでも、普段使っているシステムから重要顧客を選び出す作業はいわば定型業務なので、意識して状況を確認したり、取り立てて何かを意思決定したりする必要はありません。したがってこれも、「みない」で「うごく」パターンに相当するということです。

さらにサーチャレのプロジェクトチームの場合、ビジョンがしっかり共有されているので、細かなことでいちいち承認を取ったり会議にかけたりしなくても、それぞれの担当者が自律的に同じ方向に動けています。

それにもかかわらず、小田さんの表情はなぜか冴えません。他のメンバーのように、自分から積極的に動けないのです。入社以来、順調に成果を出してきただけに、本人にとってもこれは想定外の事態でした。

ただし、思い当たるフシがないわけではありません。実は最近、仕事に疑問を感じ始めていたのです。「次から次へと転職をサポートしているけど、転職した人たちは本当にみんな満足しているのかな。自分の営業成績を上げるために、必要のない転職を進めていたらどうしよう」

プロジェクトマネジャーも、そんな小田さんの迷いに気がついていました。招待客から事前にビデオメッセージをもらって会場で流す。家族同伴での招待なので子どもたちが楽しめるようにキッズスペースを用意する。小田さんが出してくるアイデアはいいのに、提案するそばから「でも、何かトラブルがあると困りますよね」と、否定的なことを自分で口にしてしまうのです。それならばと、「面白いからやってみよう」と背中を押すのですが、何かにつけて判断を仰ぎにくるので、なかなか話が進みません。

　そこでプロジェクトマネジャーは小田さんに、OODAループについてまとめた手製のノートを贈ることにしました。あれこれ迷って行動できずにいた若いころにOODAループのことを偶然知って以来、自分なりに調べて書き溜めてきたものです。

　「きみは少し考え込むくせがあるみたいだから、これを読むといいよ。OODAループは直観力を使って瞬時に決めて実行できる思考法で、もとはあの宮本武蔵の『五輪書』にルーツがあると言われているんだ」

　学生時代に剣道をかじったことのある小田さんにとって、宮本武蔵は永遠の憧れです。その武蔵に学んで生み出されたOODAループなら、今の自分を変える突破口になるかもしれない。うっすらとした期待を胸にページをめくり始めました。

宮本武蔵の「みない」で「わかる」

　『五輪書』は、「目に見えないところを覚(さと)って知ること」が重要だと説いています。目で見るだけではありません。これは宮本武蔵と同時期にフランスで生き、その後の西洋哲学に多大な影響を与えたデカルトの「視覚によって知る」という考え方と

はまったく異なる日本の兵法に特有の考え方です。

宮本武蔵は、相手に先んじて必ず勝つための兵法を修得するための9つの重要ポイントを『五輪書』でまとめていますが、その7番目に「見えなくても察知しようとすること」を挙げています。その次の、「わずかな事にも気をつける」というのも、繊細な眼力の重要性を記したものです。その他のポイントも踏まえると、あらゆる感覚や知識、経験を総動員すれば「みなくても」「うごける」ようになれると考えていたと理解できます。

> 第一に、邪(よこしま)ではないことを思う所
> 第二に、道を鍛錬する所
> 第三に、広く諸芸にも触れる所
> 第四に、諸々の職業の道を知ること
> 第五に、物ごとの損得を弁えること
> 第六に、諸事の真価を見抜くこと
> 第七に、目に見えないところを覚(さと)って知ること
> 第八に、わずかな事にも気をつけること
> 第九に、役に立たないことをしないこと
> およそ、このような理を心に掛けて、兵法の道を鍛錬すべきである。
>
> 　第一に、よこしまになき事を思ふ所、第二に、道の鍛錬する所、第三に、諸芸にさはる所、第四に、諸職の道を知る事。第五に、物毎の損徳をわきまゆる事、第六に、諸事目利を仕覚る事、第七に、目に見えぬ所をさとつてしる事、第八に、わづかなる事にも気を付る事、第九に、役にたゝぬ事をせざる事、大形如此理を心にかけて、兵法の道、鍛錬すべき也。

2回の「みる」で世界観を更新する
［みる→わかる→みる］

非日常的×行動の結果が予測できるとき ⇨
［みる→わかる→みる］のショートカット

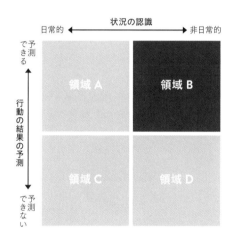

　実践形の2つ目は、未知の状況ではあるけれど、行動の結果が予測できるシチュエーション（B）で使える、［みる→わかる→みる］のパターンです。

　例えば、受験勉強やダイエットは、自分にとっては初めてのことでも、それに関する情報はいくらでも入手できます。なかには効果が確認されているメソッドもあるので、それらを参考に夢と現状に見合ったやり方を選んで、夢に向かってモチベーションを高め、やるべきことをやれば、目的達成は不可能ではないはずです。

　逆に、勉強をサボったり、食べたいだけ食べたりしていては、

合格もスリムな体もけっして手に入りません。これが、未知の状況ではあるけれど、行動の結果が予測できるということです。

　1つ目の［わかる→うごく］パターンとの最大の違いは、「みる」から始まっていることです。過去に経験したことのない状況に遭遇した場合は、まず何が起こっているのかを意識してしっかり観察しなければなりません。現状をあるがままに、そしてできる限り正確に把握する。これが最初の「みる」のプロセスです。

OODAループの実践形②世界観の更新1
[みる→わかる→みる］のショートカット

意識して「みる」から、「わかる」質が違う

　ダイエットなら、まずは自分の体の現状をシビアに確認することから始めます。体重や体脂肪率、ウエストやヒップのサイズを測定して、自分の体形がどんな状態かを知ること。これが1つ目の「みる」です。

　次に、事態を自分なりに理解します。ぽっこり出ているお腹は、自己コントロールができない証拠で、仕事にも悪影響を及ぼしかねません。初めは大目に見てくれていた彼女（彼）も、最近は心なしか目が笑っていません。どうやら状況は厳しそうです。でも、ここで覚悟を決めてダイエットを成功させれば、自信がついて、今よりも楽しい毎日を送れる。こんなふうに、自分自身の夢や願望と紐づけて現状を理解します。

　このとき、まったくのゼロから考えるケースはほとんどありません。自分自身が過去に似たような経験をしていることもあるでしょう。本で読んだり、人から話を聞いたりして、「こういうときはこうするものだ」と理解しているものもあります。そうしたレパートリーの中から最も近いと思われるものを選んで、目の前の状況に応じて修正を加える。これがこの実践形における「わかる」です。

　ダイエットならば、いつまでにどんな姿、どんな自分になるか、目指す夢を描き、体重や腹囲といった数値をどこまで下げるのかという具体的目標を設定します。並行してダイエット法の情報収集も行います。ベジタブルファースト、糖質制限、体幹トレーニング、呼吸法など、星の数ほどあるダイエット法の中から、目標達成のために自分に最適と思われる方策を選びます。そして、選んだ方策に応じてジムに通う曜日とプログラム

を決めたり、食生活のパターンやとるべき食事メニューの方針を決めたりしていきます。

このように「みる」ことで、いろいろな気づきもあるはずです。太りやすい体質だからとあきらめていたけれど、要は食べ過ぎだったとか、仕事の終わりが遅いせいで、寝る間際に夕食をとることが多いといったことです。こうありたいと考える自分とはほど遠い現実を目の当たりにして、自分や周囲の環境に対する捉え方が変わり、世界観が更新される。直観的理解とは質の異なる「わかる」です。

「みて」「わかった」結果、「うごかない」こともある

途中で挫折することはあるにしても、ダイエットはとりあえず行動に移します。しかし、状況によっては、みて、わかった結果、うごかないこともあります。転職活動などでは、むしろそうしたケースのほうが多いかもしれません。今の仕事、自分の実力やなりたい姿をあらためてよく考えたうえで、希望の職種や会社を絞り込み、転職エージェントに登録したり、会社の実情や待遇に関する情報を集めたりする。そうした結果、今の仕事を続けるほうがいいという判断に至るようなケースです。

この場合、一見すると何もしていないようですが、そうではありません。最終的に転職はしなかったけれど、自分の市場価値や最新の転職市場の状況を知り、それまでの自分の理解が現実に合致していたかどうかを観察しています。言ってみれば、みて、わかった結果を検証したわけで、これが［みる→わかる］の後の、2番目の「みる」です。わかった結果、当初の予想どおりだった場合もそうでなかった場合も、その結果を手持ちのパターンに反映することで世界観は更新され、より広く、

深いものになっていきます。

STORY #3
小田さんのOODAループ実践ケース
[みる→わかる→みる]

　サーチャレのプロジェクトチームも、当日起こりそうなさまざまな状況を想定して、世界観を更新していきました。全員、周年イベントは初めてですが、顧客向けのセミナーや新卒採用のための会社説明会、あるいは大学の学園祭など、過去に携わったイベントが参考になります。

　天候の急変や交通機関の乱れ、機材の不調、急病人やケガ人が出る……。トラブルの種はいくらでも思いつきますが、想定できることはたいてい対処可能でもあります。天候悪化や公共交通機関の大幅な乱れに伴うイベント中止等の判断は、いつ・誰が・何を基準に行って、どうやって伝達するのか。機材や出演者の代替はどこまで手当てするのか。チームは次々と「こういうときはこうする」のレパートリーを増やしていきました。

　小田さんも、プロジェクトマネジャーから教えてもらったOODAループをさっそく試してみることにしました。アメリカ空軍にルーツを持ち、緊急時に威力を発揮するとはいえ、想定外の事態に置かれたときにいきなり実践する自信は持てません。だから、頭の中で描いた緊急事態に自分を置いてみることにしたのです。

　真っ先に思い浮かんだのは、学生時代に実行委員をした学園祭の苦い記憶です。出演予定だった芸人さんが、急病を理由に会場に現れなかったのです。学生の出し物を増やして時間を埋めたものの、芸人さん目当てで来ていた観客のブーイングは今でも忘れられません。

今回の周年イベントでは、プロの司会者を起用することが決まっています。本人が来られない場合に備えて、代役の提供をプロダクションとの契約に盛り込む。さらに保険をかけて、普段からメディア対応もこなす広報部長に用意した進行表をあらかじめ渡しておき、万が一のときにはピンチヒッターを務めてもらう。ここまでやっておけば、悪夢の二の舞いは避けられそうです。

　「すべての参加者に幸せを感じてもらうというビジョンに立ち返れば、どんな困難な状況も乗り越える方法はきっと見つかる。そのためにはまず、今起きていることや、これから起きるかもしれないことを見逃さず、自分なりに事態を把握する。OODAループの［みる→わかる］ってこういうことなのかもしれないな」

　どうやら小田さんなりにきっかけをつかみかけているようです。

仮説検証でどんどん「わかる」
　　［わかる→きめる→うごく］

　実践形の3つ目は、状況を整理して理解することは可能でも、行動の結果が予測できないとき（C）に使える、［わかる→きめる→うごく］です。

　同じ状況を過去に経験していなくても、その状況を生み出した原因や因果関係が明確な場合、状況を整理して受け止めることは可能です。ただし、そこでどんな行動をとると、どんな結果になるか予測がつかない。だから、とりあえず「きめて」「うごく」のです。このパターンにおける「きめる」は「おもう（Hypothesize）」に、また「うごく」は「ためす（Test）」

日常的×行動の結果が予測できないとき ⇨ [わかる→きめる→うごく]のショートカット

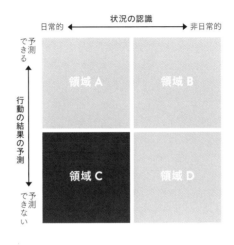

に近い感じです。

　つきあっている相手から急に別れを告げられたとしたら、どうしますか。たいていの人はまず驚き、次に失望と怒りを感じるはずです。そこそこうまくいっていたのに、急に別れを言い出すなんて身勝手すぎる。しかし、本当に「急」だったのかは疑問です。

　このところ忙しくて、会うのは月1回。メールの回数もめっきり減った。たまに会っても話が盛り上がらない。やっぱりあのときの言い争いが原因かな。お互いに感情的になって、完全に言い過ぎたし……。振り返れば思い当たるフシが次々と思い浮かびます。

　うまくいっていたはずのカップルの片方が別れたいと言うの

OODAループの実践形③世界観の更新2
［わかる→きめる→うごく］のショートカット

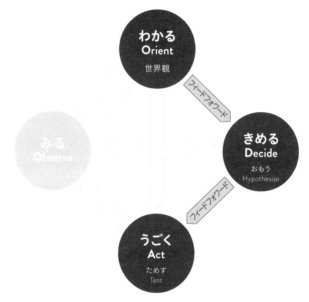

おもったことをためすことで
世界観を検証し更新していきます

だから、それも当然でしょう。このとき、別れを切り出されたという結果と、その原因の間には明らかな関係が認められます。したがって、そこを手掛かりに状況を整理して理解することもできます。これが最初の「わかる」です。

しかし、どんな行動に出れば事態が好転するかということまでは見通せません。現状をいったん受け入れて、冷却期間を置くのか。それとも思いのたけを伝えて翻意を促すべきか。あるいは、何がいけなかったのかを冷静に話し合って、関係修復か別離かをあらためて協議するのか。判断を誤れば、それまでの

楽しい思い出が台無しになるだけでなく、共通の友人や知人に悪い評判が広がりかねません。

ここは一から戦略と行動方針を練り上げて、思いつく手を試してみるしかありません。これが、［きめる→うごく］のプロセスです。

シリコンバレーでもイノベーションの仮説検証に活用されている

シリコンバレーを中心に、起業や製品・サービス開発の手法として広く活用されているリーン・スタートアップは他者に抜きん出て俊敏にマーケットを取るイノベーション手法ですが、ここでも、［わかる→きめる（おもう）→うごく（ためす）］のOODAループが使われています。（『リーン・スタートアップ』の著者であるエリック・リースは、同手法の構築・計測・学習フィードバックは、OODAループを参考に作ったと同書で明言しています）。

すなわち、顧客の心を動かすという世界観に従って情報や経験を分解・統合してアイデアを練り、アイデアを形にした仮説、製品・サービスの原型をコストを抑えながら試作する（おもう）、新しさに敏感で協力的なユーザーに使ってもらい、反応を検証する（ためす）、ユーザーの反応や意見からアイデアや仮説、製品・サービスの試作品を見直す（みなおす）。こうすることで、本当に顧客が必要とするものだけを、最速で無駄なくつくることができるという考え方です。

あれこれ機能を詰め込んだり、細部までこだわって品質を高めた結果、高価になりすぎたり、誰も使いこなせないほど複雑

なものになってしまう。そうした旧来型のものづくりの対極にあるマネジメント手法として、日本でも多くの企業がリーン・スタートアップを取り入れようとしています。

　地べたをはいずりまわるかのようなその姿勢は、シリコンバレー発のイノベーション手法というイメージとは大きく異なります。しかし、行動の結果が予測できないシチュエーションでは、前例や誰かのまねをしても成功する保証はありません。だから泥臭く、［わかる→きめる（おもう）→うごく（ためす）］を繰り返しているのです。

STORY #4
小田さんのOODAループ実践ケース
［わかる→きめる→うごく］

　さて、サーチャレの5周年イベント当日です。会場でゲストを迎える小田さんのもとに、ものすごい剣幕で1人の女性が突進してきました。手に持ったカゴからは、トイプードルが顔をのぞかせています。

「ペットは会場に入れないって断られたけど、どういうことなの。この茶々は私の大事な家族よ。ペットなんかじゃないし、離れられるわけがないじゃない！」

　女性は小田さんが担当する企業のオーナー社長。たしかに、これまで何度か面談した際も、彼女の膝の上にはいつもトイプードルの茶々がちんまりと座っていました。でもまさか、他社のイベントにペット同伴で現れるとは。しかし、思い返してみれば社長は以前、「どこに行くのもこの子と一緒なの」と明言していたし、イベントの案内状にペット同伴不可と書いてあるわけでもありません。こうした事態を想定しておくべきだったのです。

大事な顧客を失ってしまうかもしれない恐怖と戦いながら、小田さんはOODAループの基本を思い出してみました。今の状況を整理すれば、社長の怒りの原因は明らかだけれど、どんな対応をとれば納得してもらえるかはまるでわからない。つまり、「状況を整理して理解することは可能でも、行動の結果が予測できない」シチュエーションに相当する。それならば、相手の気持ちを想像しながら、考えられる手を打つしかない。

　そこで小田さんは、社長の言葉や表情を注意深く観察して、次のような仮説を立てました。社長はペットの同伴を断られることを、ある程度予測していた。それでもあえて連れてきたのは、何か訴えたいことがあったからだろう。そうであるならば、まず何よりも社長の気持ちに寄り添って、本音を引き出すよりほかにない。いったんそう腹が決まると、社長の目をまっすぐに見つめて、心からのお詫びの気持ちを述べることができました。

「私の考えが至らないばかりに、不愉快な思いをさせてしまい、まことに申し訳ありません。茶々ちゃんも不安な気持ちでいると思うと、お詫びの言葉もありません。開始までまだ時間があります。お部屋を用意させていただきますので、ひとまずそちらでおくつろぎいただけませんでしょうか」

　息巻いていた社長も、愛犬が名前で呼ばれたことで、少しだけ落ち着きを取り戻したようです。カゴの中をのぞき込みながら、「大きな声を出してごめんなさい。静かなお部屋でひと休みしましょうね」と話しかけています。

　ゲージから出さないことを条件にホテルに用意させた部屋にさっそく案内して、淹れたてのコーヒーを飲んでもらうと、社長の声が穏やかになりました。

「私だって、ペット不可のレストランや宴会場があることは承知しています。でも、事前に何の断りもないってことは、当社とその経営者である私に関心がないってことの裏返しでしょ。それが腹立たしかったから連れてきたのよ」

　小田さんの仮説は、どうやら的を射ていたようです。
「ひとえに私の思慮不足です。茶々ちゃんのことを忘れていたわけではないし、ましてや御社や社長に関心がないなんてめっそうもありません。事前にきちんとお話しさせていただくべきでした。申し訳ありません」

　そのうえで小田さんは、ある提案を行います。事態を打開する方法を「ためす」ことにしたのです。
「宴会場は保健所の指導によってペットの持ち込みが禁止されていますが、社長にはぜひこのままイベントに参加していただきたいのです。ペットホテルを予約することも可能ですが、幸い自宅でトイプードルを2匹飼っている社員がいます。この部屋でしっかりお世話をいたしますので、社長だけ会場にお越しいただけませんでしょうか」

　相手の表情をしっかりと捉えながら一気にそこまで言うと、後は返事を待つだけです。
「知らないペットホテルに預けるのは不安だから、それでいいわ」

　小田さんはその言葉を聞いて、前の自分ならどうしていただろうかと考えていました。おそらく、対応が後手後手にまわって、社長をさらに怒らせていたに違いありません。でも、OODAループを知ったことで、状況を冷静に観察して、仮説を立てて速やかに行動できました。その結果、最悪の事態は回避されたのです。

想定外の状況には、ショートカットなしの OODA ループを使う
[みる→わかる→きめる→うごく→みなおす]

**非日常的×行動の結果が予測できないとき⇨
[みる→わかる→きめる→うごく→みなおす] のフルセット**

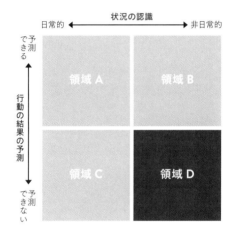

　実践形の4つ目は、過去に経験したことのない未知の状況で、行動の結果も予測できない事態（D）に適応したフルセットのOODAループ、[みる→わかる→きめる→うごく→みなおす]です。まったくの「想定外」の状況への適応方法です。

　当然、直観で行動することはまず不可能です。できるだけ多くの情報を収集、分析して、その結果を統合することで全体の状況を把握し、行動に移します。結果的にロジカルシンキング（論理的思考法）にかなり近く見えますが、「漏れなくダブりなく、客観的視点から徹底的に正解を目指す」ロジカルシンキン

グと、「出来事の背景にあるものについて世界観が捉えた認識を総動員して、成果を生む行動を見出すことに集中する」OODAループでは、速さの点で圧倒的な差が出ます。

エレベーターの前の不審物への対応

　過去に経験したことのない未知の状況なんて、自分には縁がない。もしかしたらそう思っていませんか。確かに、日本は世界で最も安全な国の1つとされていますが、いつまでも同じとは限りません。いつものオフィスビルの、いつものエレベーター前に、ポツンと置かれたボストンバッグ。周囲に持ち主らしき人物は見当たりません。さて、あなたならどうしますか。

OODAループの実践形④世界観の更新3
［みる→わかる→きめる］のショートカット

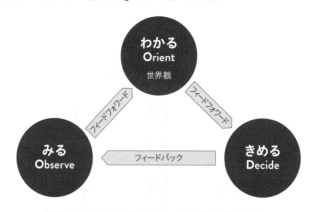

行動を起こさない場合でも、想定外の状況を見て、
世界観を更新していくことができます

紛争地域で仕事をした経験のある知人は、直ちにその場を離れるべきだと言います。バッグの中身は爆弾かもしれないし、有毒ガスを発生させる装置かもしれないというのがその理由です。ただの忘れ物かもしれないバッグ1つのために、オフィスにたどり着けないなんてばかげている。大事なミーティングに遅れたらどうするのか。そんな反論は、安全ボケの世迷いごとに聞こえるようです。

　ミーティングと命のどちらが大事なのか。すぐにビルを出て、外から警備室に電話をかけ、不審物を確認してもらう。問題ないとわかってから戻ればいいと言うのです。彼の主張をOODAループに当てはめると、次のようになります。

- 異常事態が起こっていないかを、注意深く観察する（みる）
- 周囲の状況を見極めて、不審物として認識する（わかる）
- ただちにその場を離れることを決定する（きめる）
- 外に出てビルの警備室に電話をする。安全を確認してからオフィスに戻る（うごく）
- 今回の対応に問題がなかったかどうかを確かめる（みなおす）

　ほとんどの場合、「不審物などではなく、余計な時間を取られただけ」という結果に終わるでしょう。それでもはっきりしていることは、100パーセント無駄だとは言えず、万一の事態は起こりえるということです。

　それだけではありません。こうした行動を何度か繰り返していると、不審物の発見はあなたにとって想定外ではなくなります。状況の認識度が高まり、ある程度、行動の結果が予測できるようになります。

これは、次章で詳述する「世界観が広くなった結果」と考えることができます。直観を活用できる領域はOODAループを使うことで広がっていくのです。

　つまり、2×2のマトリックスの右下のDのシチュエーションから、C、B、あるいは左上のAにシフトするのです。意識してOODAループを使って習熟するほど、想定外の事態は少なくなり、より速く、より的確に行動できる領域が広がる。日常的にOODAループを使う意義は、まさしくここにあります。

**OODAループ思考に習熟していくと、
非日常×予測できない→日常×予測できる　が増えてくる**

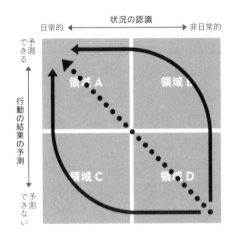

ショートカットは領域 A 〜 D と1対1で対応するわけではない

　状況に応じたOODAループのショートカットの仕方を典型的な例を示して説明してきました。ここで注意すべきなのは、

同じ状況に置かれても、人により、そして世界観の更新のタイミングにより、この2×2のマトリックスで該当する領域が違ってくることです。そして、ショートカットは領域A～Dと1対1で対応するわけではないということです。

　もう一度、図を見てください。状況の認識と行動の結果の予測による2×2のマトリックスは、実は明確に4つに分かれるわけではありません。

**4領域の中でもグラデーションがあり、
使えるショートカットは、人ごと、タイミングごとに分布する**

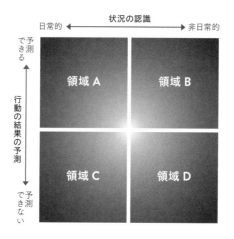

　状況をよく知っていて行動の結果も予測できるAの中でも、下にいくほど予測が難しくなったり、未知の状況だけれど行動の結果は予測できるBでも、左寄りは過去に似たような状況を経験していて参考にできたりする、といったようにグラデーションがあるのです。

したがって想定外といっても、先ほどの不審物の例のように、準備をしている人としていない人とでは、速やかに効果的な行動ができるかどうかで大きな違いが出ます。テロや大規模災害のような、かつてはまったく想定外の非常事態とされていたものでも、今日ではさまざまなシナリオを専門家が提示しています。それらをもとに訓練を行うのはもちろん、シナリオを見るだけでも世界観が更新され、直観が活用できる領域へと少なからずシフトさせることが可能な環境になっています。

　驚くべきことに、特定の地震のために考えられた対策シナリオを、まったく別のタイプの災害にも援用できる力を、私たち人間は持っていることが、さまざまな例から示されています。アメリカ軍は兵士が現場でそのような判断ができるように訓練を行っています。

　宮本武蔵も同様でした。広範な学問、技術、芸術に触れ、さまざまな教養を身につけること。まったく異なった職業でも広く知ること。これらにより視野が広がると訴えています。いざというときに、「芸は身を助ける」ということです。ちなみに、宮本武蔵は水墨画「鵜図」「紅梅鳩図」「芦雁図屏風」などを描き遺しており、重要文化財となっています。

　こうして、まったくの想定外の出来事に遭遇しても、何らかの判断をして動ける人、そうでない人の違いが生まれます。それを分けるのは「どのような世界観を持っているか」です。次章では「速く効果的な判断を下すための世界観をどのようにつくるか」を紹介します。

THEORY

VUCAフレームワーク

　状況の認識の程度を示す横軸と、行動の結果の予測という縦軸の2つの軸によるマトリックスについて、種明かしをしましょう。お気づきの方もいらっしゃるかもしれませんが、これはVUCAで用いられるフレームワークとまったく同じものです。

　VUCAは1991年に、冷戦終結によって混沌とする情勢を捉えるために、アメリカ陸軍戦略大学校がつくった軍事用語です。状況の認識の程度（横軸）と行動結果の予測可能性（縦軸）の2軸によって、Stable（安定）、Volatile（変動）、Uncertain（不確実）、Complex（複雑）、Ambiguous（曖昧）の5つのレベルに分けて、事態を把握するフレームワークです。このうち後の4つの頭文字を取ってVUCA（ブーカ）と読みます。

　その後、世界経済の勢力図の変化やイノベーションの加速によって、既存の産業やビジネスモデルが根底から揺らぐなか、ビジネスの世界でもよく使われるようになりました。市場も、ライバルも、自社のアイデンティティでさえ、確かなものは何もない。想定外ばかりの現実を捉えて対応していくために、VUCAが有効だと考えられたのです。

　ちなみにStableがVUCAに入っていないのは、安定した状況など理論上はともかく、現実にはほとんどないと考えられているからです。現に私たちの日常においても、本当に安定していることなどまずありません。昨日と同じ生活や仕事の繰り返しに見えても、小さな揺らぎや変化はつねにあり、自分自身も周囲の環境も1つとしてまったく変わらないものはない。だから、ほぼすべての営みにOODAループ思考が使えるし、使うべきなのです。

VUCA フレームワーク

状況を知っているか
既知 ←——→ 未知

行動の結果を予測できるか
予測可能 ↕ 予測不能

領域 A
変動
Volatile

その状況をよく知っていて、
行動の結果を予測できる
状況不安定、期間不明
対応の知識がある

領域 B
複雑
Complex

未知の状況だが、行動の
結果は予測できる
多くの要因が相互依存
一定の情報があり予測可能

領域 C
不確実
Uncertain

状況を整理して理解は可能でも、
行動の結果が予測できない
状況の因果関係が明確
対応効果の変動がありうる

領域 D
曖昧
Ambiguous

未知の状況で、行動の結果
も予測できない
因果関係がまったく不明
先例なく方策がわからない

STORY #5

小田さんの OODA ループ実践ケース
[みる→わかる→きめる→うごく→みなおす]

5周年イベントの開場30分前、小田さんのもとに最寄り駅にいる同僚から電話が入りました。

「もう20分もタクシー待ちの列に並んでいるんだけど、まったく進まない。うちのイベントの招待状を持ったお客さんもイライラし始めている。どうやらアイドルグループが近くでシークレットライブをやるみたいだ」

同じ日に近くでイベントがあるという話は事前に耳に入っていましたが、別会場の収容人数からしてタクシーの輸送力を大幅に上回ることはないと考えて、最寄り駅とホテルを結ぶマイクロバスは1台しか手配していませんでした。チケットも持たない人々が会場に押し寄せることまでは、さすがに想定できなかったのです。大事なゲストを行列に並ばせて不快な思いをさせていると思うと、何とかしなければと気がはやります。そのとき、「すべての参加者に幸せを感じてもらう」というプロジェクトマネジャーの言葉がよみがえってきました。

「そうだ、駅で待たされているゲストの気持ちになって状況を理解しよう。ゲストがイラついているのは、炎天下で待たされていることはもちろん、何でこんなに混んでいるのか、いつになったら会場に行けるのかがまったくわからないからだ。できるだけ正確な情報を伝えて、涼しい場所で待機してもらえば、少しは安心してもらえるはずだ」

　小田さんはすぐにネットで駅近くのカフェを検索して、電話で事情を伝えて数十名分の席を予約しました。そして、駅にいる同僚がゲストをカフェに誘導し、次のように伝えました。
「シークレットライブだったために事前に情報を把握しきれず、暑い中でお待たせすることになってしまい、本当に申し訳ありませんでした。シャトルバスがピストン運行しているので、遅くとも30分以内にはみなさん全員を会場にお連れできます。開演時間を15分遅らせることにしたので、冷たいものでも飲みながら、もう少しだけお待ちください」

　未知の状況で、行動結果の予測が難しいシチュエーションでも、ビジョンに立ち戻り、フルセットのOODAループを使えば難局は突破できることを、小田さんは身をもって学びました。ゲストのほっとした様子を報告されて、OODAループがどんなことにも有効な思考

法であることを身をもって体験できて、ちょっとした達成感を味わいました。

OODA Loop
Thinking

第3章

世界観をつくる
フレームワーク

「わかる」と行動は速くなる

　前章で、OODAループにおいて、さまざまなパターンのショートカットを臨機応変に使うことによって、他の思考法からは得られない速い判断と行動、そして成果を生み出していく仕組みを解説しました。あらためて整理すれば、OODAループでは「みる (Observe)」「わかる (Orient)」「きめる (Decide)」「うごく (Act)」の間を、フィードバック（みなおす）、フィードフォワード（みこす）を織り交ぜながら、そのときに必要とされる最短のプロセスで判断し、行動していく、ということです。

　お気づきでしょうが、その要となるのは、明らかに「わかる (Orient)」です。「わかる (Orient)」を経由しないショートカットはありえません。その意味で、OODAループの中で「わかる (Orient)」は特別に重要な意味を持っています（Orientを Observeと区別するために、「ビッグオー」と呼ぶ専門家もいます。ただし、OODAループ自体が必要最小限の思考のフレームワークなので、他が重要でないわけではありません。）。

「目の前にあるものが何なのかわかっている」と信じることができれば、判断に自信が持てます。一方、「何が起こっているのか理解できない」と、行動のための判断に自信が持てず、あれこれ迷って時間がかかります。行動の選択肢を1つ1つ並べて客観的に比較・分析し、最適なものを選び出すという意思決定の作業をせざるをえないからです。

　「わかる」かどうかが、主体的で前向きな、素早い行動のベースになるのです。ただし、何が起こるかわからないこの世の中

わかる = Orient = 世界観は、OODAの中で最も重要

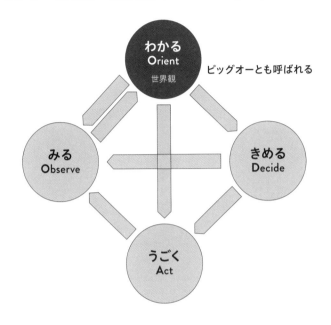

で、すべての出来事が「わかる」わけがありません。そこで必要になるのが、世界観です。

OODAループは、自分が「わかっている」と感じられる世界、すなわち自分の持っている世界観を最大限に活用して、「わかることが難しい」出来事にも対処していこうという手法でもあります。

OODAループを効果的に使うためには、世界観に真正面から向き合わざるを得ません。それがOODAループを研究し、数々の組織に実装してきた私たちの結論です。ですから本書でも1章を割いて、どのような世界観を持てばOODAループを

使ううえで有効なのか、そうした世界観はどうすれば構築できるのかを説明したいと思います。

第1章でも触れましたが、「世界観」という言葉は、日本で紹介されたOODAループの解説書などでは用いられていません。しかし、OODAループの父であるジョン・ボイドも、「わかる(Orient)」によって形作られていくものが「ビュー・オブ・ザ・ワールド（世界観）」であると説明していることから、本書で採用しています。

つまるところ、世界観がすべてを決する

世界観という言葉を、あらためて整理しておきましょう。

一般的にイメージされるのは、音楽や映像などの芸術作品や創作者の作風を表す「世界観」でしょう。創作上の設定、つまり仮想の世界を表す言葉から派生して、「世界観が好き」とか「独自の世界観がある」などと使われるようになったようです。厳密に「何がどうだ」と説明しないところがミソで、その曖昧さゆえに便利な言葉として多用されています。

一方、本書で言う世界観に曖昧さはなく、きわめて実用的なものです。文字どおり、この世の中をどう観ているのかそれに照らして、今起きていることをどのように捉えるか、という理解のためのツールです。世界観と言うとあまりにも大きくて縁遠く感じるなら、人生観や仕事観、結婚観、恋愛観、家族観、教育観、と言い換えてはどうでしょう。まだ大きすぎますか？

少し乱暴に言ってしまえば、〇〇観の〇〇は何でもいいのです。同窓会の幹事を引き受けることに関する世界観なら、友情観ということになるかもしれません（この場合、「同窓会の幹事観」というわけにはいきません。この理由は後で説明しますが、それではOODAループがうまく使えません）。

　つまり、人間が何らかの行動を起こすときは、誰でも何かしらの〇〇観を背景に持っているものなのです。そこでOODAループでは、取り組もうとしていることの背景である〇〇観に着目します。その最大のものが世界観です。

　世界観の特徴は、学校で学んできた知識の積み重ねだけで形成されるものでは、けっしてないということです。その人がこれまで過ごしてきた環境や風土、影響を受けた文化的伝統、自分の遺伝的な資質の容貌や体格、体力やコミュニケーション力などを背景に得てきた主体的経験のすべてが、その人の世界観を形作ります。

　私の経験では、「学生時代は喧嘩ばかりしてやんちゃだった」という人の中には、強くて奥行きのある世界観を持つ人が少なくありません。周りの大人や、街で会う同年代の若者を鋭い目で観察して、敵か味方かを瞬時に見極め、戦うときは先手必勝で行動し、やられたら必ずやり返す。いわば主体的思考を毎日のように高速で回し続けているわけですから、机の前で長い時間を過ごしてきた「ブックスマート」と言われる人々に比べて、世界観が堅牢にブラッシュアップ（更新）されるのは当然でしょう。

　路上でさまざまな人と関わりながら賢さを手にしてきた「ストリートスマート」と称されることもある彼らは、社会に出て

からも磨き込まれた世界観を持って、さまざまな現実にOODAループを使って対応しているように見えます。同じものを見たり、聞いたりしても、その経験を無駄にせず、実に多くのことに気づき、すぐ実行してしまいます。

　営業職であれば、固定観念にしばられず、顧客の真のニーズを探り当ててそれに応える。競合の売り込みや相手の状況変化など、些細な変化も見逃さずに即座に手を打つ。高機能のセンサーを備え持ち、強くてしなやかな世界観とともに突き進む。そういう若手が次世代リーダーに育っていく例を、これまで何度となく目にしてきました。

　だからといって、不良になることをすすめているわけではありません。では、どうすれば彼らのようなスマートさを手に入れられるのか。そのヒントは世界観を形作るフレームワーク、VSAMにあります。1つずつ、その詳細を見ていきましょう。

COLUMN

旅客機をハドソン川に着水させた世界観

　世界観が貧弱だと、想定外の事態に遭遇するとパニックに陥り、何もできなくなってしまいます。頭では行動すべきだとわかっているのに、気持ちがついていかないために、動くに動けない。そうしているうちに状況はさらに悪化し、最悪の場合は命を落とすことにもなりかねません。

　一方、世界観が豊かで強固であれば、目の前で何が起きても現実を正しく受け止めて、どう行動すべきか答えを出せます。論理的な判断に願望と感情も伴うので、すぐに行動でき、やりとおせる。

頭と気持ちが1つになった状態です。

　自らの経験がベースとなった世界観を使って偉大なことを成し遂げたケースとして、有名な事件を紹介しましょう。
　映画『ハドソン川の奇跡』は、実際にあった旅客機の不時着事故を題材にしています。2009年1月15日、USエアウェイズ1549便はニューヨークのラガーディア空港を離陸直後に両エンジンが停止。空港に引き返しての着陸は不可能と判断した元アメリカ空軍大尉のチェズレイ・サレンバーガー機長は、市街地への墜落を防ぐため、ハドソン川への着水を決行します。機体が水没する前に乗客150人と乗員5人の全員が脱出し、1人の犠牲者も出さずに済みました。

　奇跡の生還劇を可能にしたのは、サレンバーガー機長の冷静な状況把握と瞬時の行動です。トラブルが発生したら緊急時用のチェックリストに沿って行動するのが一般的ですが、エンジン停止を知った機長が真っ先に行ったのは補助動力装置（APU）を起動することでした。APUは推進用エンジンとは別に搭載される小型のエンジンで飛行中には使用しませんが、これを速やかに起動したことで、飛行を制御するコンピュータへの電力供給が確保されたのです。

　そもそも緊急時用チェックリストは、高度2万フィート（約6000メートル）で両エンジンを失う事態を想定して作成されていますから、離陸直後で高度2600フィート（約800メートル）を飛行中の1549便で適用するのは不可能でした。機長はその現実を冷徹に受け止め、即座に「きめて、うごいた」のです。もし彼がロジカルに問題解決にあたっていたら、大惨事は免れなかったはずです。

　サレンバーガー機長に、ジェット機を水上着陸させた経験があったわけではありません。それどころか経験豊富な機長は、水上に

胴体着陸することの危険性を誰よりも知っていたはずです。それでも、すべてのエンジンが停止したジェット機を人口密集地で緊急着陸させるには、ほかに選択肢はないと瞬時に判断して、その離れ業を見事にやってのけたのです。

後に彼は、「全員の命を救う自信があった」と述べています。その裏には、戦闘機パイロットとしての経験はもちろん、仮説検証を繰り返すことによって日々更新していた堅牢な世界観があったと考えられます。民間パイロットに転じてからも過去の航空機事故の研究を怠らず、自分がその状況に置かれたらどう行動するかを、つねにシミュレーションしていたそうです。だからこそ、絶体絶命の状況に置かれても確信を持って行動できたのです。

私たちは毎日さまざまなことを見て、聞いて、経験します。飛行機事故のような特別な出来事でなくても、意識してその経験を味わえば、昨日とは違うように世界を捉えることができる。これが、世界観が更新されるということです。

世界観はVSAMで形作られる

世界観はVSAM、すなわちビジョン（Vision）、戦略（Strategy）、行動方針（Activities Directions）、そしてメンタルモデル（Mental Model）によって形作られます。しかし、OODAループの父であるジョン・ボイドは、世界観（ビュー・オブ・ザ・ワールド）については簡単に触れているだけで、その内容について直接言及していません。したがって本書で紹介する世界観を構成するフレームワーク、VSAMはジョン・ボ

世界観をつくるVSAMフレームワーク

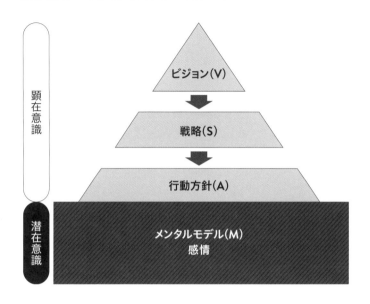

イドが提唱したものではなく、私たち独自の理論です。

しかし、まったくのオリジナルというわけでもありません。ジョン・ボイドはその著作で、「わかる（Orient）」ことによって「世界観」が形作られていくと述べています。そこで、「ビジョン」「方針」などの特性が形作られ、目的（ビジョン）を実現する方法として「戦略」がある。さらに「メンタルモデル」も、わかることで形作られるとしています。

つまり、
① 世界観とは世界を今、そしてその先をどう観るかということ。
② わかるとは世界観を形作ること。

③ 世界観は図のように、将来の世界の展望であり目的でもあるビジョン（V）、その目的を実現するための戦略（S）、行動方針（A）に加え、それらを潜在意識でどのように観てるかを示唆するメンタルモデル（M）によって構成される。これがVSAMフレームワークです。

アメリカ軍の発行する最重要公刊文書の1つである「ビジョン」ドキュメントは、ビジョンを起点としたVSAMとよく似た構成で記述されています（組織でOODAループを適用する際には、メンタルモデルのMを割愛したVSAをフレームワークとして用います）。

さらに符合するのは、シリコンバレーなどの実にさまざまな企業がいずれもVSAMの構造をもつフレームワークで経営されていることです。

例えばマイクロソフトは、2014年に「モバイルファースト、クラウドファースト」という「世界観」で目指す世界とその実現方法を示し、同社の大転換を実現しています。さらにフェイスブックは、2019年に発表した「プライバシーを重視したソーシャル・ネットワーキング」という「ビジョン」ステートメントを発表し、同社の大転換を進めています。

思考を方向づけるVSA

世界観の各要素についてはこれから順に見ていきますが、簡単にまとめれば、自分は何を実現したいのか（V: ビジョン）、そのためにどんな道筋をたどるのか（S: 戦略）、具体的にどう行動するのか（A: 行動方針）が、最初のVSAです。

VSAによって自分の進むべき方向がしっかり定まっていれば、どんな状況に置かれても瞬時に判断することができます。自分の目指す目的に向かっているのだから、めったなことではあきらめないし、方向性が揺らぐこともありません。OODAループの強さの秘密が、ここに凝縮されていると言っても過言ではないのです。

　ビジョンや夢というと大げさに感じるかもしれませんが、ごく身近な出来事や普段の行動にも、その背景にはこうありたいという思い、願望はあるはずです。例えば、序章の冒頭に登場した赤坂さんは、店や注文をなかなか決められなかったせいで、彼女との初めての食事を気まずいものにしてしまいました。

　もし彼が「彼女に恥ずかしいところを見せたくない」といった眼前の小さな目標でなく、「とにかく彼女と最高に楽しい時間を過ごそう」というやや広いビジョンを持っていたなら、店や料理を完璧に選べなかったことを問題と捉えるのではなく、選択の失敗を悔やむ自分の心理状態を問題と捉えて対処したはずです。そうすれば、初めてのスウェーデン料理店での混乱やサラダばかりの夕飯はむしろ笑い飛ばせ、逆に「楽しい失敗の思い出」となって記憶されたかもしれません。

健全なメンタルモデル（M）がなければ動けない

　そしてVSAの土台となるのが、メンタルモデル（M）です。頭の中にあるイメージや感情、あるいは固定観念なども含まれる潜在的な意識です。知らないうちに持っている思い込みもメンタルモデルです。あらためて考えたことがないという人でも、メンタルモデルや感情は必ずあります。
　ただし問題は、そのメンタルモデルが、VSAに見合ったも

のになっているかどうかという点です。次の3つは、いずれもVSAとメンタルモデルがマッチしていないケースです。

- トップアスリートとして世界で活躍するというビジョンを持ち、そのための戦略と行動方針はあるのに、勝てない試合が続くと毎日の練習に気が入らない。

- 最愛の伴侶を得て、将来は子育てにもじっくり向き合いたいという夢を持ち、婚活サービスに登録したものの、知らない人と話すのがとにかく苦手で結局ほぼ利用していない。

- 「顧客の心を動かす」という会社のビジョンに心から賛同し、そのためのコミュニケーション・トレーニングもしているのに、期末の目標達成が危なくなると、数字を上げてナンボという昔ながらの営業マン気質が出て、一方的なセールストークをついつい繰り広げてしまう。

しっかりしたビジョンとそれを実現するための戦略と行動方針があっても、メンタルモデルが後ろ向きでは（あるいは障害となるようなものであれば）、VSAは絵に画いた餅に終わってしまいます。すべきことはわかっているのに実行できなかったり、全然違うことをしてしまったりするのは、感情や固定観念が邪魔しているせいですから、メンタルモデルを書き換える必要があります。

VSAとメンタルモデルの関係についてはこの章の最後で再び取り上げて、どうすればVSAに見合ったメンタルモデルを獲得できるかを考えます。

5〜10年後に「こうなりたい」
遠くにあるビジョン（V）

　ビジョンとは、あなたが心から実現したいと思う夢や、こうなりたいと願う姿、目的のことです。長期的な視点でビジョン（V）を設定することで、それを実現するために今何をすべきか（S、A）が見えてきます。つまりVSAは、未来の姿をイメージして今何をするべきかを考える、バックキャスティングの思考と言えます。

　組織を挙げてOODAループを導入・実践しているアメリカ軍では、すべての戦略、すべての作戦や行動が、ビジョンをもとに決定されています。前述した「ビジョン」ドキュメントには、いつまでに、どのような世界を実現するかが具体的に示され、その実現のための戦略も細かく書かれています。

　ただし、長期とは言っても、20年も30年も先のことでは見通しが立ちにくく、具体性のある戦略や行動方針に落とし込むのは容易ではありません。私たちの経験では、5年から長くても10年くらいのスパンで設定することで、より実現可能性の高い、戦略や行動方針につながりやすいビジョンにすることができます。

　また、ビジョン策定の前提が根幹から揺らいだ場合は、見直すこともあります。例えば、ネットやAIのような革新的な技術の普及や法規制の変更、未曾有の災害や紛争による環境変化を経験すれば、ビジョンが変わることも多いはず。一般的に言って、5年から10年くらいのスパンで見直されることが多いようです。

ビジョンを書き出してみよう

　ところで、みなさんは普段からビジョンを意識していますか。考えたことがないという方は、いい機会なのでぜひ書き出してみてください。「自分のビジョンは……、」などと漠然と考えるよりも、仕事観、恋愛観、結婚観、人生観、家族観、教育観などに分けて考えると、その中でもとりわけ何が自分にとって重要なのかが見えやすくなります。

　例えば、大学生だったら人生観あるいは仕事観のビジョンを自分なりに書いて見るのもいいでしょう。卒業後に就きたい仕事、なりたい職業などの夢を書いたら、その夢を実現するための戦略（S）には、就職活動やインターンシップなどが入るでしょう。そして、直近で何の勉強にどう取り組むかが行動方針（A）になります。

　書き込んでみると、はっきり文章にできるビジョンと、そうでないビジョンがあることに気づくはずです。なかには全然書けなかったという人がいるかもしれません。でも、今はそれでかまいません。自分には、少なくとも現時点ではビジョンがないんだと認識するだけでも、一歩前進と言えます。

　ビジョンを考えるときは次の3つの点に注意すると、借り物でなく、自身の本当の願望が伴い、目指すことに価値があり、OODAループ思考で実行しやすいビジョンが描けます。

① 5~10年後の未来を洞察する
　現在ではなく、未来に目を向けましょう。大きな変化の流れを捉えて、5年後、10年後の世界がどうなっているのかを見通す努力をしたうえで、その世界で生きている自分の姿や、実現

自分の世界観を知るための
VSA記入シート

仕事観・恋愛観・結婚観・人生観・家族観・教育観……
何に関する世界観ですか？

[　　　　　　　　　　　　　　　　　　　　　　　]に関する世界観です。

....

V ビジョン……5〜10年後に達成したい大きな夢や目的は？

....

S 戦略……ビジョン達成のために必要な方策は？

....

A 行動方針……ビジョン達成のために必要な直近の活動は？

していたい夢を描きます。

②　独りよがりを避ける

　仕事であれば顧客、恋愛や結婚であれば相手にとって価値のあるものでなければ、その夢はビジョンになりえません。自分の夢や願望がビジョンになると言っても、それが独りよがりなものでは価値がありません。例えば、営業力を磨いて1人でも多くの人に快適なサービスを届けたいと思ったところで、相手が望むものでなければただの押し売りになってしまいます。ビジョンは、相手の心を動かすようなものである必要があります。

③　自分が主体的に決定する

　あなたならではの夢を主体的に決めて、人まねでない、自分なりの言葉で表現する努力をしましょう。世の中にはビジョンがあふれています。どの企業のホームページを見てもビジョンがうたわれていますが、その多くは似たり寄ったりです。最初は誰かのビジョンを参考にしてもかまいませんが、本当にその夢をかなえたいのかと心に問い掛けたり、具体的な経験を添えたりするなどして、自分のオリジナルのビジョンを模索してください。

ビジョンがなかなか見つからない人のためのヒント

　繰り返しになりますが、OODAループの実践のカギは世界観にあり、その中でも最も重要な位置を占めているのがビジョンです。どんな状況でもサクサク決めて行動したければ、まずはビジョンを固めることが必要です。

それでも、どうしてもビジョンが思いつけない、という人がいるかもしれません。そんな場合は、次の3つの方法を試してみましょう。

1　メンターを探す
2　仮置きしてみる
3　いつもの行動から考える

1　メンターを探す

実は私自身、仕事におけるビジョンが定まったのは、尊敬する先輩の言葉がきっかけでした。

当時30代だった私は、コンサルタントとして、日立製作所のサプライチェーンを一から構築し直すという大きなプロジェクトに携わっていました。そこで日立側の責任者をされていたのが清水さんです。クライアントとコンサルタントという立場で、年齢も離れていたのに、なぜか可愛がってくださいました。

さまざまな影響を清水さんから受けましたが、なかでもその後の私の方向性を決定づけたのが、「担当の組織がより良くなることに貢献する仕事をする。そしてそれができたら日本の社会に貢献する仕事をする」という言葉です。自分の都合や立場を優先するのではなく、関係する個々の企業が良くなること、そして最後は社会がより良くなるために貢献することを第一に考える重要さを教えられました。

その当たり前を貫くのが容易ではないことは、当時の私にもわかりました。しかし、その一方で、心の底からそうありたいと思う自分がいました。だから私のビジョンは、「クライアン

ト企業をより良くする」こととしてきたのです。以降、多くのクライアントと協働してさまざまな仕事を手掛けるなかで、ビジョンもどんどん進化していき、今は「輝かしい希望と活気に満ちあふれる、ワクワクする組織・社会にしていく」ことが加わっています。この本を書いたのも、ビジョン実現のために必要だと考えたからです。

　あなたにとっての清水さんを見つけることが、ビジョンづくりのきっかけになるはずです。メンター制度を導入している企業が増えていますが、社内の身近な人に限る必要はありません。顧客や取引先の人、あるいは著名人や歴史上の人物でもいいのです。価値観が近くて尊敬できる自分だけのメンターを見つけて、あの人ならこう考えるに違いないというビジョンを想像して、徐々に自分のものにしていきましょう。

2　仮置きしてみる

　もちろん、そう都合よくメンターが見つかるとは限りません。そんなときは、とりあえずのビジョンを仮置きしてみるのもおすすめです。私が考える最も汎用性の高いビジョン（仮）は、それが実現したら「自分と周りの人が幸福になる」というものです。

　たとえば結婚や家族についてであれば、パートナーも自分も、そして将来的には子どもも、「心身ともに健やかで、今日はどんな楽しいことがあるかと毎朝ワクワクしながら起床する」なんていうことでよいかもしれません。

　そうして仮置きの大きな方向性が決まったら、今の自分にできることからとりあえず始めてみます。

3　いつもの行動から考える

　これは、日頃何気なく実践している行動から方針らしきものを見つけ、戦略とビジョンを導き出す方法です。

- 時間を有効に使いたいので、**早起きを心がけている。**
- 刺激や情報を求めて、**パーティーやイベントにはできるだけ参加している。**
- どうせなら気持ちよく過ごしたいから、**いつでも、誰にでも、笑顔で挨拶している。**

　太字の部分が行動方針らしきもので、その前段が戦略らしきものになります。なぜ自分は、時間を有効活用したいのか、刺激や情報を必要としているのか、気持ちよく過ごしたいのか。そんなふうに考えていくと、自分がどんなことを実現したいと思っているのか（ビジョン）が見えてきます。

　ただし、行動方針らしきものが自分の願望に根付いたものでない場合は、注意が必要です。

　仕事はミスなくていねいに。お客さまの要望に精一杯応える。人に迷惑をかけることだけは避ける……。どれも捉えようによっては立派な行動方針かもしれません。しかし、それは本当に心から願っていることでしょうか。長い時間をかけて刷り込まれた思い込みや、たいして考えもせずに前例を踏襲しているだけかもしれません。「本当にそう願っているのか？　批判されるからではないのか？」と自分に問い掛けてみましょう。

> THEORY
>
> **行動から未来を創造する**
>
> VSAはバックキャスティングで考えると説明しましたが、「いつもの行動から考える」ときは、その逆方向（フォワードキャスティング）になります。まずは行動ありきで、未来は戦略や行動によって生み出されるという考え方で、事業創造やマーケティングの分野で近年注目を集めています。
>
> その背景には、未来予測がかつてないほど難しくなっていることがあります。変化が激しく、ゴールを定めてそれを達成する手段を検討する従来のアプローチが通用しなくなってきています。だから、今ある手段から新しい可能性を創造していこうというのです。
>
> そうやって行動しながら、今の行動の先にどんな未来があるのかを、時には検討してみましょう。例えば婚活なら、周囲の状況や自分の市場価値などを考え合わせて、ビジョン（仮）は実現できそうか、見直しの必要はないかなどを確認します。行動から未来を創造するフォワードキャスティングと、ゴールから手段を検討するバックキャスティングの2つのアプローチを繰り返していくうちに、自分だけのビジョンが見えてくるはずです。

戦略(S)と行動方針(A)で ビジョン(V)に近づく

近未来の夢であるビジョンを掲げるだけでは、どんな道筋を通って、どう行動すれば目的地に到達できるかわかりません。これを示すのが、世界観を構成する他の2つの要素、戦略（Strategy）と行動方針（Activities Directions）です。

ビジョンを実現するための方策であり、ビジョンに至る道筋を示したものが戦略で、戦略を遂行するためにさらに具体的な行動に落とし込んだものが行動方針です。時間軸で言えば、ビジネスの場合ならビジョンを5年から10年の長い期間で設定するのに対して、戦略は3、4年、行動方針は1年から2年程度で設定して、進展状況や環境変化に応じて見直します。

　ビジョンが遠い未来にある夢や目的で、行動方針が今具体的に取り組む行動だとすれば、戦略はどのように設定すればよいのでしょうか？　ビジョンが日々の行動方針を積み重ねるだけで実現できそうな単純なものであれば、戦略など不要にすら思えます。

　しかし、OODAループ思考によって獲得しようとしているのが「どんな状況下でも速い判断や行動ができる思考能力」だということを思い出してください。このきわめて柔軟な状況適応能力を手に入れるためには、1本道の構造ではむしろ弱いのです。

　OODAループが想定しているのは、VUCAと呼ばれるような、何が起こるかわからない状況（97ページ参照）です。ビジョンと行動方針が完全に1対1で結び付いていると強く信じているときに、想定外の事態が起こって1対1の関係が崩れてしまうと思考停止に陥り、行動を起こせなくなってしまいます。

　例えば、10年後にはファイナンスのプロ（CFO）として会社を支えるというビジョンを掲げ、今やるべきこととして、経理・財務の知識を磨くという行動方針を立てたとします。しかし、現在のような経理・財務の仕事が10年後にも残っているかどうかは微妙で、もしかしたらそのほとんどがAIに取って

代わられるかもしれません。

　一方で、事業とファイナンスが密接に絡み合って、経理・財務の業務以上のスキルが必要とされてくるのは明らかでしょう。予想を上回る速度で新たな技術が実用化されることで仕事の環境が大きく変わり、コツコツと積み重ねた努力が無駄になって途方に暮れる。こうした失敗は、ビジョンと行動方針を1本の単純な線で結び付けてしまうことで引き起こされます。

ビジョン、戦略、行動方針の関係

　こうした事態を避けるためには、ビジョンに至る可能性が最も高いと考えられる方策を「仮説としての戦略」として設定し、その戦略を実現するための行動方針を決定するのが有効です。

戦略と行動方針は1対1で結び付けます。こうすることで、状況が変化してその戦略ではビジョンへの道筋が見えなくなったときは、仮説（おもったこと）が検証（ためすこと）によって否定されたと捉え、次なる新たな「仮説としての戦略」を考え、新たな行動方針を立てる。そうすれば、思考停止に陥る事態は避けられます。

仮説としての戦略は、否定されれば次の戦略をつくればよい

ビジョン、戦略、行動方針を別の言葉で表現すると、ビジョン＝目的（目指す壮大な理想的状態）、戦略＝目標（ビジョン実現のために遂行する方策）、行動方針＝手段（戦略遂行の目標を実現するための手段）と整理することができます。

戦略は、ビジョンを実現できる可能性が高いと考える仮説ですから、心から信じられるものであれば、ある意味、どんなものでもかまいません。どんな仮説でも、それが成功すれば戦略と認められるのです。

戦略を決めるときは、日々の行動に関心が向きがちな思考から意識的に離れて、遠くのビジョンを実現するためにどうしたらいいか、必要な方法を考えます。現在の行動方針にとらわれず、自由度を高めることが大切です。そうすれば、予想外の状況になったときもそれに代わる次の戦略を探し出しやすくなります。結果、行動不能の状態に陥ることはほぼなくなります。

例えば高校生が将来はある専門的な職業に就いて活躍したいというビジョンを持ったとします。ほとんどのケースでは、将来の職業に役立つ専門知識を学べる大学を目指すことを戦略と

して、その大学に入れるようがんばって受験勉強することが行動方針となるでしょう。

しかし、目指す大学が狭き門だったり、その職業への道が海外では違う形で開かれていたりする場合は、海外留学を戦略として選択することも十分ありえるでしょう。そして、そのために重要な行動方針は、他の高校生と横並びの受験勉強はせず、海外留学の準備に専念する、ということになるでしょう。

大きな目的（ビジョン）のために何を当面の目標（戦略）とするか、目標にまっすぐ結び付く現在の手段（行動方針）とは何なのか。ビジョン実現のためにとりうる選択肢を幅広く持って、VSAを結ぶ三角形をできるだけ広くしながら、目標と手段の関係をはっきりさせていくことで、崩れにくく底が抜けない世界観ができあがります。

COLUMN

宮本武蔵のVSA

『五輪書』を参照しながらビジョンと戦略、行動方針の関係を整理すると、宮本武蔵の人生観、つまり世界観が見えてきます。

ちなみに、私たちは武士道について「主君に忠義を誓い、切腹してでも家を守り、名誉を重んじるのがその道」と理解しがちですが、そうした考えはいずれも徳川政権発足の後に歪曲または拡大解釈されたものです。

それとは対照的に、宮本武蔵のビジョンは明快で実用的。目的は「確実に勝つ」ことです。「確実に勝つ」ことの意味するところは、

人に勝つだけではなく、己に克つことだとも考えられます。すなわち、剣術で敵に勝つだけでなく、目で見ることでも、身でも心でも人に勝ち、誰にも負けない優れた人間になることです。

次に「確実に勝つこと」を実現するための道筋（戦略）を見てみましょう。宮本武蔵が五輪書5巻の最初の「地の巻」で説いたのは「兵法の道」です。兵法を通してビジョンつまり目的を実現するさまざまな道筋を示しています。さらに宮本武蔵は、兵法を身につけるために必要な鍛錬について、あとの4巻で説明しています。技の基礎、戦い方、戦いの心構えなどです。

ここに、今の世界でも通用する、非常に重要な「仮説としての戦略」が示されています。例えば、稽古の際に注意すべき考え方の1つ「有構無構」です。現代語に直訳すれば、「構えはあるが、構えはない」となり、形や思い込みにとらわれることを戒めるものです。自画像でも両手を前にだらりと下げた姿を描いています。

宮本武蔵の有構無構

「構えが有って、構えが無い」

出典：宮本武蔵肖像
（島田美術館蔵。熊本県指定文化財）

> そして、有構無構という戦略により、状況に応じて柔軟かつ機敏に行動できる人間になるように鍛錬するのが行動方針となります。この柔軟さが、あまたある兵法あるいは武道の流派と、宮本武蔵が説く兵法との最大の違いでしょう。ジョン・ボイドがOODAループを構想するにあたって五輪書に傾倒したのも、まさにこうした特徴によるものでしょう。

VSAだけでは足りない

では、ビジョンがあって戦略と行動方針が定まれば、それで動けるのかと言えば、それほど簡単な話ではありません。こうなりたいという夢があって、やるべき行動ははっきりしているのに、まったく動けなかったという経験が、みなさんにもあるのではないでしょうか。

頭ではわかっていても心がついていかないことは、速やかな判断と行動が必要とされる場面でも往々にして起きます。大雨で避難警報が出ているのに、まだ大丈夫だと考えて避難が遅れたりするのも、理屈ではなく心の働きがなせるわざです。そして、それが世界観を構成する最後の要素となる、メンタルモデル（M）と感情です。

自分のメンタルモデルを知る

世界観の構成要素で、潜在意識の中に持っているのが、心の中のイメージであるメンタルモデル、そして心の持ちようであ

る感情です。ビジョンの実現に向けた戦略と行動方針が、実質的に機能する世界観となるかどうかは、このメンタルモデルと感情にかかっています。

　感情については、「自分が今どんな気分か」を把握しておくことが重要です。体調もよく絶好調の気分なのか、身近な人の不幸などがあったりして落ち込んでいる状態かでは、同じ出来事があっても、対応の仕方に違いが出るのは明らかです。

　メンタルモデルについては、少し説明することにしましょう。メンタルモデルとは、人が心の中に持っているイメージのことです。人は誰でも、物事がどのように動くかを心の中で想定して、暗黙のイメージを持ちます。

　例えば、よく知らない大型犬の頭をいきなりなでる人は、まずいません。見ず知らずの人間を警戒する犬は多いし、いきなり差し出された手を攻撃と受け止められ、噛みつかれてしまうおそれもあります。私たちは犬という生き物に対して、そんな漠然としたイメージを持っています。

　しかし、生まれてから一度も犬を見たことがなかったらどうでしょう。飼い主に気持ちよさそうに頭をなでられている姿を見て、自分もと、不用意に手を出してしまうかもしれません。現に幼い子どもたちはよくそんなふうに行動して、周囲の大人たちをあわてさせます。

　子どもたちが時間をかけて、犬という動物について学習していくように、人は未知の情報をつかんだり、新しい経験をしたりすると、遺伝的な資質や文化的な伝統、これまでの経験などに基づいて、その情報や経験を分解・統合します。その結果、

「これはこういうものだ」「これはこう動く」というイメージを心の中につくります。これがメンタルモデルです。

ポジティブなメンタルモデルと感情は、VSAの土台となって世界観全体を支え、自信を与え、起こった出来事に対する的確な行動のための直観を導きます。

わかっているはずなのに最適な行動パターンを選択できなかったり、決めたとおりに行動できなかったりすることがあるのは、ネガティブなメンタルモデルのせいです。戦略と行動方針を実践してビジョンを実現するためには、メンタルモデルと感情がそれらに対してポジティブなものになっていなければなりません。

内省によってメンタルモデルを把握するのが基本

まずは、自分がどのようなメンタルモデルを持っているのかを意識してみましょう。思い込みや固定観念を客観的に把握することは簡単ではありませんが、次のような内省（自分の動きや状態を考えてみること）が糸口になるはずです。

時間をかけて準備をしてきた社内のプレゼンで大失態を演じたとします。会議室を間違えてスタンバイがぎりぎりになったうえ、パソコンが何度もフリーズ。焦る気持ちが災いして大事なスライドを飛ばしたことに気づいたのは、「何でああいう結論になるの？　背景も理由もよくわからないな」と、すべてが終わった後に上司から質問されたときでした。

この状況で、これが自分の実力であり、これまでの努力は無駄だった。上司にも無能だと判断されたに違いない、と思う人

はいるでしょう。一方で、失敗なんて誰にでもある。今回はうまくいかなかったけれど、これで自分の価値が決まったわけではない。よし、次は完璧に準備するぞ。そう思う人もいるはずです。

　さて、あなたはどちらのタイプに近いでしょうか。前者はネガティブで凝り固まっている。後者はポジティブでしなやか。あるいは、生まれ持った能力は変わらないと考えるペシミストが前者で、努力すれば能力は伸びると考えるオプティミストが後者と言うこともできるでしょう。
　次のような質問を自分に投げ掛けるのも、メンタルモデルを探るうえで有効です。

- 失敗したときや、物事がうまく進まないときにどんな態度をとるか
- 努力や成長をどのように捉えているか
- 自分を褒めてくれる人と、成長を促してくれる人。どちらとの人間関係を好むか

　このように自分が物事をどのように捉えるのかを、その理由や背景まで掘り下げて考えると、メンタルモデルの一端を理解することができるはずです。

シートに書いてメンタルモデルを理解する

　自分の心にどう向き合えばいいのかわからないという場合は、131ページのシートにあるようなことを書き出すことでも、自分の大まかな傾向を知ることはできます。

　自分のメンタルモデルをある程度把握できたら、次にはビ

ジョンと整合性が取れているかどうかを考えてみましょう。例えば、先端農業技術を通して健康で豊かな食生活を実現するというビジョンを掲げ、スマート農業ベンチャーを起業する戦略を持っている人が、安定志向が強くて消極的なメンタルモデルを持っていたとしたらどうでしょうか。ビジョンあるいはメンタルモデルを根本的に見直すか、メンタルモデルを更新する必要があるのは明らかです。

メンタルモデルは遺伝的な資質や育ってきた環境、これまでにした経験を通じて形作られます。持って生まれた性質や幼少期の環境は自分ではどうにもできませんが、自らの意思でさまざまな経験を積み重ねていくことで、メンタルモデルを更新することは可能です（時間はかかりますが）。

軍隊で苛烈な訓練を行ったり、アスリートが過剰なトレーニングを行ったりするのは、メンタルモデルを更新するという点で意味があります。厳しい現実の戦場や試合において、その経験がメンタルモデルをネガティブに振り切れない状況にしてくれると考えられます。

「すぐに」とはいかなくても、ビジョン（V）と戦略（S）、行動方針（A）に紐付いたメンタルモデルを持つことは可能です。VSAをしっかりと見据えていること、そしてメンタルモデルをつねに意識していることが何より重要です。

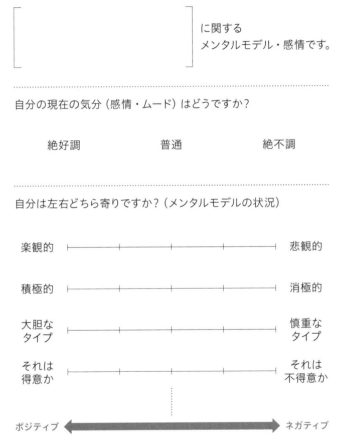

COLUMN

日本人のメンタルモデルの傾向

　国や地域、民族によって、メンタルモデルにある一定の傾向が見られます。厳しい自然環境の痩せた土地に生まれ育った人は、温暖で飢餓の歴史がない地域の人よりも、一般的に勤勉です。自然災害が多い地域に暮らす人は警戒心が強い一方で、自然の力の前では人間の営みはあまりにも無力であると考え、命や財産が奪われることにさえ、一種の諦めをもって受け入れる意識が認められます。

　一度や二度、会社をつぶしても、アイデアと実行力さえあれば起業のチャンスが与えられるアメリカの文化と、経営者失格のレッテルを貼られて再起が難しくなる日本の文化では、失敗を恐れる気持ちや、リスクに対する態度に違いが出るのは当然でしょう。

　そもそもこれまでの日本人は、失敗して評価を下げるくらいなら挑戦しないほうがましだ、と考えがちでした。これは組織も同じで、万全な計画を立てて、実現できそうなことにだけ取り組む。前例のないことには手を出さない、といった世界観に組織全体がとらわれているケースが多く見られます。これも「空気」と言われてきたメンタルモデルの1つです。

　万全な計画と慎重な行動が有効なのは、安定した環境下に限ったことです。そうした世界では、他者をまねたり、前例を踏襲したりしていれば、そこそこの結果を出せるでしょう。欧米先進国へのキャッチアップを志向した高度経済成長期の日本は、その典型例です。当時の成功を実体験した人たちは、今日の変化の時代にメンタルモデルが適応できるように、自らの努力で変えていかなくてはなりません。

現実の世界は静止画ではありません。ビジネスの世界ではVUCAという言葉が盛んに使われるようになりましたが、それほど大げさなものでなくても、日々の生活の中で想定外の事態に遭遇することもあります。

　普段は温厚な上司から厳しいことを言われる。進行中のプロジェクトに深刻なトラブルが発生する。同級生と久し振りにSNSで連絡を取ったのを機に、昔の恋心がよみがえる……。定型業務など同じことの繰り返しに思える毎日も、実は想定外の出来事にあふれているものです。だからこそ、前向きに適応していくためにOODAループが必要とされているのです。

OODA Loop
Thinking

第4章

さらに思考を加速させるために
必要なこと

世界観を磨く4つのヒント

　速く、最適な行動をとるためのOODAループ思考について、ここまでで基本的な構造や使い方を理解していただけたと思います。普段の思考をOODAループのフレームワークに変えるだけで、判断力と行動力に劇的な変化が生じるのですが、さらに思考を加速する仕組みがOODAループには備わっています。第3章で説明した世界観を、磨き続け、より広く、より深く、より強くする努力を続けることで、OODAループ思考はさらに加速していきます。

　世の中のすべてを完全に理解することはできません。そして世界は変わり続けています。だからこそ、現実の世界と自分の世界観のギャップを埋める努力を続けることが必要です。

　『西遊記』の「お釈迦さまの手のひら」のエピソードは、このことをイメージするのに役立ちそうです。孫悟空が思いつく限りの乱暴をして飛び回っても、結局、お釈迦さまの手のひらの上を動き回っていただけだったという話です。お釈迦さまの手のひらほどの世界観を持つことができれば、孫悟空がどんな突飛なことをしでかしても、あわてることなく直観を働かせることができそうです。

　私たちの世界観はお釈迦さまの手のひらには遠く及びませんが、世界観を広げる努力はできます。
「こういう状況では、物事はこうなる」、だから「自分の目的をかなえるために、こう行動する」、という手持ちのパターンをどんどん増やしていくことが基本です。

パターンが増えれば、想定外の状況に遭遇してもパニックに陥ることが減ります。手持ちのパターンの1つ、あるいはいくつかを組み合わせることで、初めて経験する目の前の状況に当てはめられるようになるからです。これが、いわゆる直観力が身についた状態です。

　第2章で紹介したOODAループのショートカットで説明するなら、「みない」で「うごく」最速パターン［わかる→うごく］が、このパターン・マッチングつまり直観行動です。

　ただ世界観を磨くと言っても、何から手をつければいいかわからないでしょう。ここでは4つのアプローチを紹介します。もちろん、これ以外にもさまざまな方法が考えられますし、人によって合う、合わないの感覚は異なるでしょう。自分に合った方法を見つけてください。

1　さまざまな経験を通じて教養を身につける

　つねにVSAを意識しておくと同時に、それとは直接関係しないことにまで視野を広げて、教養を身につけるように努めます。教養とは、社会との関わりの中でさまざまな経験を積み、知識や知恵を獲得する過程で身につけられる、ものの見方、考え方、価値観のことです。

　教養を身につけるためには、体系立った学習が欠かせないと思っている人が多いかもしれません。たしかにそれも必要ですが、知識に偏重するのではなく、体験を通じて五感を磨くことが非常に重要です。宮本武蔵も、儒教、仏教、茶の湯、礼法、能の舞など、武士の道以外の道やさまざまな職業を広く知れば、物事に通じるところがあるとして、広く諸芸に触れ、諸々の職

を知ることをすすめています。

　法事のときくらいしか足を運ばなかった菩提寺に通って、朝のお勤めに参加してみる。触れたこともない楽器を一から習って、簡単な曲を演奏できるようになる。食べたことのない料理を作って味わってみる。山に登ってテントで一夜を明かす……。

　おそらく、予想を上回る感動や充足感、あるいは違和感や失望を覚えるはずです。今まで知らなかった自分の一面に気がつくこともあるでしょう。そうなることがまさに狙いで、仮説を持って実際に動いてみることで、世界観が更新されるのです。

　やみくもに多くのことに手を出すのではなく、鍛錬する意志を持って経験を重ね、それを味わうことがポイントになります。

2　メンタルモデルを多面的に理解する

　自分のメンタルモデルをより正しく捉えるためには、第三者の視点を取り入れることが有効です。本人が知っているメンタルモデルと、気づいていないメンタルモデルがあるからです。他人が知っていて自分が知らない自分のこと（盲点の領域）を知るために、フィードバックをもらいましょう。

　自分のメンタルモデルを箇条書きにして、信頼できる先輩や親しい友人に見せて意見をもらうと、意外な気づきが得られます。

　例えば、自分ではポジティブな性格で、打たれ強いほうだと思っていたのに、人からは意外に慎重で繊細な部分があると思われているかもしれません。こうしたギャップを知ることは、

メンタルモデルを更新する絶好のチャンスになります。なぜ評価に違いがあるのか、どうすればギャップを埋められるのかを考えてみましょう。

3 常識を疑い、常に事実を確認する

広く一般的に言われていることや、権威のある人や機関の見解が、必ずしも正しいとは限りません。物事が起きている現場にできる限り足を運んで、自分の目で事実を確かめること。著作物やデータは引用や報道に頼らずに、原典や一次情報にあたることが肝心です。可能な場合は直接聞いて、アドバイスを求めてみましょう。

こうした姿勢があなた自身の思い込みや固定観念を払拭し、世界観と実態との間にあるギャップを解消することにつながります。

4 OODAループを使い続ける

つねにOODAループを使い、世界観を更新し続けることです。日常のさまざまな場面が、OODAループの実践と世界観の磨き込みの機会となります。

新しい情報が入ってきたり、行動した結果のフィードバックが得られたりするたびに、意識してOODAループを使い、世界観を最新のものに更新します。その繰り返しが、あなたの世界観を豊かで堅牢なものにしてくれるはずです。

異分野の経験が
OODA ループを強くする

　リーマンショックまでアメリカの金融政策をリードしたグリーンスパン元FRB議長は音楽家だった。アップルのスティーブ・ジョブズがカリグラフィ（文字を美しく見せる技法）を学んだことが、マックの美しいフォントやOSのインターフェース開発につながった。これらは有名な逸話ですが、金融やITの世界に限らず、異分野の経験を持つ人が傑出した成果を出すことは、めずらしいことではなくなってきました。

　その道一筋の専門家の強みが知識と経験の深さにあることは明らかで、たいていの問題については高い精度で信頼性の高い判断を効率よくできます。にもかかわらず、VUCAと呼ばれるような変化の激しい時代になって、異分野の経験が重視される傾向が強まっているのです。

　これをOODAループの視点から考えると、一見、まったく関係ない分野であっても、しっかりしたVSAMを持つことによるメリットは大きい、ということになりそうです。例えば、次のような状況下において、異分野の世界観に基づくOODAループ思考が力を発揮します。

① 想定外の事態が起こったとき
② 従来の方法が限界に近づき、イノベーティブな発想が求められるとき

　つまり、その分野の専門家の経験や知識が通用しないような事態が起こったとき、異分野で鍛錬された強い世界観を持って

いる人は突破口を見つけられる可能性がある、と期待されるわけです。

実際、異分野の世界観を援用することは、そのような大きなピンチのときに数少ない選択肢となりえます。第3章で紹介した映画『ハドソン川の奇跡』のサレンバーガー機長の場合、同じ飛行機とはいえ、戦闘機の操縦の経験で得た世界観（VSAM）が、絶体絶命の危機で見事に援用され、素早い直観的な判断と実行につながったと考えられます。

企業や組織でダイバーシティの重要性が叫ばれ、個人にもさまざまな分野の教養が求められるようになってきた背景は、

OODAループを使い続けながら、外部の情報をつねに取り入れ、世界観を更新していく

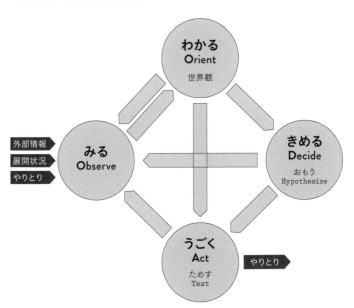

OODAループ思考的に見るとこういうことです。

　専門性を磨くことは重要ですが、1つの分野に閉じこもってしまうことにはリスクを伴う時代になってきました。それゆえ、あらゆる分野の出来事や情報に関心を持ち、脇道にそれるようであっても異分野の経験を積み、異分野の人と交流を持つことが、実質的に世界観を広げ、鍛えることにつながるのです。

武蔵に学び、あらゆるツールを武器にする

「みる」のためのツール

　OODAループを使いこなすうえで、ツールの活用はきわめて有効です。では、どんなツールを使えばいいのかと言えば、「使えるものは何でも使う」のが正解です。節操がないように聞こえるかもしれませんが、『五輪書』でも同様のことが説かれています。

　宮本武蔵は折り紙つきの実利主義者で、常識や固定観念にしばられるのを戒め、勝ちにつながることだけを追い求めました。後世、「武士の命」とされるようになる刀についても例外ではなく、一切のこだわりを捨て、ただ1つ「武具の利を知ること」が重要だと述べています。

　武具は刀や槍、鎧や兜のことで、さまざまな種類がありますが、それぞれに長所と短所があります。狭い所で剣を交えるのなら短刀が適していますし、合戦場では長い太刀や槍が有利になります。時と場所、敵と味方の戦力などの状況に応じて、最

も適した武具を選ぶべきだと言うのです。

> 　戦いに使う武具の利点を知っていれば、どんな武具でも、折にふれ時に従って役に立つものである。脇差は、座の狭い所、敵の身際へ寄る時には大変役に立つ。太刀は、どのような所でも、大体役に立つものである。長刀は戦場では鑓に劣るところがある。鑓は先手で、長刀は後手である。同じ位の学びなら、鑓の方が少し強い。しかしながら、鑓・長刀も事情により、詰まった所ではあまり役には立たない。(略)諸武具にも、特別な好みがあってはならない。
>
> 　武道具の利をわきまゆるに、いづれの道具にても、おりにふれ、時にしたがひ出合もの也。脇差は、座のせばき所、敵の身ぎはへよりて其利おほし。太刀は、いづれの所にても、大形出合、利あり。長刀は、戦場にては鑓におとる心あり。鑓は先手也。長刀は後手也。同じ位のまなびにしては槍は少し強し。鑓・長刀も事により、つまりたる所にては其利すくなし。(略)道具以下にも、かたわけてすく事あるべからず。

　現代社会において主力の武器となるのはデジタルツールでしょう。世界最先端の驚くようなデジタルサービス、AI なども、一部の大企業や研究所だけでなく、一般ユーザーに最初に開放される時代になっています。それもほとんどの場合、無償かごく低額で利用できます。そして今日のベストよりも、はるかに便利で使い勝手のよいものが明日には出てくる。それがデジタルの世界なのです。世界観を広げるのに、これらを活用しない手はありません。

　とはいえ、デバイスやソフトウエアについて具体的に言及する紙幅がありませんので、ここではデジタルツールに対する考え方だけを紹介します。

　OODA ループにおいて特にデジタルツールが力を発揮する

のが、「みる」と「わかる」のプロセスです。デジタルツールとはいっても特別なシステムや機器を用意する必要はなく、ごく一般的なパソコンとスマホさえあれば、あとは使い方次第で速くて確かなOODAループ思考に役立ちます。

「みる（Observe）」のプロセスでは、情報入手のためにツールをフル活用して、目の前の現実以外にはるか遠くで起きていることや、メガトレンドや潮目の変化を探知します。なかでも、最も手軽で身近な方法が、インターネットを使った検索でしょう。ただし、誰でも簡単に使えるツールであるからこそ、使い方の差がはっきり出てしまいます。

　検索技術を学ぶ講座や検定試験もありますが、技術より重要なのは「何を調べるか」ということでしょう。依頼者が求める情報を検索するサーチャーとは違い、お題が与えられているわけではないからです。

　重要なのはキーワードを知っているかどうかです。役立ちそうなサイトやメディアを定期的にチェックして、キーワードを確認する。情報感度が高くて影響力が大きい著名人や、興味の対象が似ている知り合いのSNSやブログをフォローする。

　できれば日本人や国内メディア以外にも対象を広げましょう。日本だけではどうしてもバイアスがかかってしまいますし、世界は英語で動いていると言っても過言ではありません。そうして気になるキーワードがあれば、翻訳アプリの力も借りて詳しく調べる。このように、お題そのものを自分から見つけにいく必要があります。

　このとき重要なのが、可能な限り一次情報にあたることです。

ネット上には虚実入り交じった情報があふれていることはよく知られていますが、新聞や雑誌、書籍や各種レポート、そしてウィキペディアも例外ではありません。大手メディアや立派な肩書きを持つ人の著作の中にも、間違いを見つけることができます。意図した偽情報でなくても、単純なミスや、誤った解釈に誘導するような表現はいくらでもあります。この事実を知っているだけでも、知らずに見ているのとは大違いです。

ただし、そうやって努力しても、見ることのできる世界には限りがあります。どこまで行っても世の中のことすべてを見ることはできませんし、理解することはなおさら困難です。その前提さえ忘れなければ、直観に反する情報でもすんなりと受け入れられますし、逆に定説を疑ってみることもできます。事実のみに立脚する姿勢を忘れないでください。

「わかる」のためのツール

収集した情報は整理して保管し、必要な場面ですぐに取り出せるようにしておきます。そうすれば何が起きてもすぐに「わかる（Orient）」ことができます。処理しきれないほどの情報があふれ返っている現代にあっては、必要な情報をすぐ取り出せて使える状態にしておくことが何よりも大切です。

そのための1つのアプローチがナレッジマネジメントです。一般的には、組織内で知識や情報を共有化して活用し、競争力につなげることを指しますが、ナレッジの管理が必要なのは、個人も変わりません。放っておくと、資料や書類ばかりが増えてどこに何があるのかわからないデスクのようになってしまいます。だからツールを使って、必要なときに取り出して活用できる状態にしておくのです。

私はスマホのノートアプリを活用しています。人の話を聞いたり、ネットで気になる情報を見つけたりしたら、キーワードを書いた新しいメモを作成して、ウェブサイトへのリンクを貼ったりします。こうしておけばいつでも簡単にアクセスできますし、情報元のサイトがわからなくなる心配もありません。クラウドを介して同期されるので、パソコンで見たり、編集したりすることも可能ですし、画像が取り込めるのも便利です。

　デジタル環境に左右されないノートアプリがどんどん登場しているので、自分が使いやすいものを選べばいいでしょう。ただし、マルチデバイスでなければ使い勝手は悪くなります。スマホ、パソコン、タブレットと、1人で複数のデバイスを使うのが当たり前の時代です。端末間で情報が同期され、必要に応じてどの端末でも利用できるマルチデバイス化が、個人のナレッジマネジメントには必要不可欠です。

　もう1つのアプローチが、分類です。「タクソノミー」という言葉を耳にしたことはありませんか。分類学や分類法の意味で、生物学の世界で生まれた言葉ですが、現在では情報システムなどさまざまな領域で使われています。

　そもそも「わかる」という言葉は「分ける」が語源になっているとされます。ただ情報を与えられても、「分け」方がわからなければ、認識にも行動にもつながりません。だから、これまでの経験や知識の枠組みに照らし合わせて分類し、何がしかの引き出しに入れるのです。これがわかるということです。

　ネットで検索した情報や本で読んで得た知識を、テーマやジャンル、利用目的などで構造的に分類したフォルダーに格納し、自分なりにタグ付けして管理する。こんな初歩的なタクソ

ノミーでも情報の活用度はまるで違ってくるので、ぜひ試してみてください。

　従来の枠組みに当てはまらない想定外の事象には、新たな枠組みを用意しなければなりません。OODAループ思考で言うところの、世界観を更新できているかどうかが問われる局面です。本章であげたような努力を重ねている人とそうでない人の思考と行動の速さに、大きな差が出るのは明らかでしょう。

5

OODA Loop
Thinking

第5章

「相手の OODA ループに入る」使い方

相手の心を動かす
究極のOODAループ思考

　ここまで、自分の世界観をしっかり構築することを通じてOODAループ思考を的確に使い、いかに速く判断し行動するかについて説明してきました。最終章では、その流れとは少し異なるOODAループ思考の使い方を紹介します。

　それは、「相手のOODAループに入る」使い方です。自分のことで精一杯なのに、他人のOODAループの中に入るなんて不可能だ。そう思うかもしれません。しかし、この方法は知っておくだけでかなり役に立ちます。

　私たちの毎日は、ほとんどの場合1人では完結しません。仕事の場面なら上司、同僚、部下、顧客。教育の場なら学生、児童、園児あるいは先生。プライベートでは家族、友人、パートナー。そうした相手と対峙して、お互いに影響し合いながら、考えたり行動したりしています。言うまでもなく、そうした人たちにも世界観があり、本人が意識しているかどうかはともかく、「みる→わかる→きめる→うごく」のOODAループのプロセスに近い思考を使っています。言い換えれば、人と関わりあって生きていく以上は、他者のOODAループと無縁ではいられないのです。

　では、誰かのOODAループの中に入って、相手の世界観に影響を与えられるとしたらどうでしょう。あらためて説明すると、世界観とは、その人が世界をどう捉えているかということです。相手があなたのことをどう捉えているかによって、相手のあなたに対する態度は決められています。ということは、そ

の世界観に働きかけて変えることができれば、自分に対する相手の理解、判断、行動を変えられるはずです。これが相手のOODAループの中に入るということです。

こう書くと、ややブラックな心理操作のように聞こえるかもしれませんが、営業先の関心を引いたり、面接官に良い印象を与えて入社試験をパスしようとしたりするのも、基本的には同じことです。自分の発言や振る舞いに対する相手の反応を見て、相手の世界観の状態を読み取り、それに基づいて戦略や行動方針を立てて目的を達する。OODAループを人を動かす方法のフレームワークとして活用するのです。

雌雄を決するのは心だ

ジョン・ボイドの戦略理論の卓越性も、まさしくこの点にありました。OODAループ以前の欧米の戦略理論が敵軍を物量面で撃破しようとしたのに対して、ボイドは敵のリーダーのメンタルを破壊することを目的としました。とてもかなわないと思わせて白旗を上げさせれば、それで戦闘は終結です。無用な血が流れることも、泥沼の消耗戦に陥ることもありません。

メンタルをターゲットとして破壊することを、宮本武蔵は「うろめかす」という言葉で表現しています。うろめかすとは、しっかりとした心を持たせないようにすること。心が揺らげば、武力で勝っている剣の達人でも、勝ち切ることはできません。雌雄を決するのは心だと言うのです。

> 「うろめかす」というのは、敵に確かな心を持たせないようにすることである。(略)自分から時によっていろいろ技を仕掛け、あるいは打つと見せ、あるいは突くと見せ、また（懐に）入り

こむと思わせて、敵がうろたえる兆候を見て取って自由に勝つことであり、戦いでは第一の事である。

> 「うろめかす」と云は、敵に慥かなる心をもたせざるやうにする所也。(略)我時にあたりて色々の技をしかけ、或いは打つと見せ或いはつくとみせ、又は入こむと思はせ、敵のうろめく気ざしを得て、自由に勝つ所、これたゝかいの専也。

さらに武蔵は、相手を意図的にこのような行動不能な状態にすることを重視し、「底を抜く」という表現で説明しています。底が抜けていない相手は負けていても崩れにくい、だからなんとか底を抜いてしまおうと言うのです。底が抜けるとは、まさに世界観が崩壊して思考停止し、心が折れて何が起こっているか「わからない」状態を意味します。

> 敵は上辺では負けているが、底では負けていないことがある。そうした時には、自分が急に違う心になって、敵の戦う心を絶やし、心底負けたという心になるのを見ることが第一である。この底を抜くのは、太刀でも抜き、身でも抜き、心でも抜くのである。(略)残す心があれば、敵は崩れにくいものである。

> 上にてはまけ、下の心はまけぬ事あり。其儀におゐては、我俄に替たる心になつて、敵の心をたやし、底よりまくる心に、敵のなる所、見る事、専也。此底をぬく事、太刀にてもぬき、又身にてもぬき、心にてもぬく所有。(略)残す心あれば、敵くづれがたき事也。

アメリカ軍も当然のように相手のOODAループに入り、世界観を混乱させ、対抗する意志を失わせるために、武力行使以外のさまざまな手段を総動員します。このときにカギを握るのが諜報活動です。敵軍の指揮を執っているのはどんな人物か、相手は何を見ているのか、どんな動きをしているのか、アメリ

カ軍のどのような行動に反応したのか……。こうした情報を集めてVSAMを把握し、相手の世界観をつかもうとするのです。

相手のOODAループの中に入って価値を生み出す

　相手が敵ならば動揺させて打ち負かすことが目的となりますが、日常の仕事環境、生活環境において、そうした単純な利益相反関係はむしろまれです。後輩の心を動かしモチベーションを上げて力を発揮してもらえば、チームの業績が上向き、あなたの評価も上がるでしょう。マンションの管理人さんに笑顔で挨拶すれば、いつも以上に熱心にエントランスの掃除をしてくれるかもしれません。

　このように他者の世界観に働きかけて、自分にも相手にも価値を生む状態にする。これが普段の生活で使う、相手のOODAループの中に入る典型的なパターンになるでしょう。

　第2章のケーススタディで、駅で足止めをくった周年イベントのゲストに、小田さんがどう向き合ったかを思い出してください。周年イベントの主催者である小田さんと、いつ会場に行けるかわからないまま待たされていたゲストは、もしかしたらクレームを言う側と、それを受ける側というだけの関係になっていたかもしれません。

　しかし、小田さんがゲストの気持ちになって最善の手を打ったことで、そうした不幸な事態は回避できました。実際、想像を超えるサービスはたいていの場合、相手のOODAループの中に入って心を動かすことで提供されます。

　リッツ・カールトンの共同創業者で、初代社長としてクレド

をはじめとする現在のリッツ・カールトンの基礎をつくりあげたホルスト・シュルツは、「向き合わなければならないのは、その人の内にある欲求や感情、価値観、そして興味なのである」と、著書の中で述べています。

その教えに従い、ゲストのOODAループの中に入って潜在的ニーズに応え、時にはあえて裏切ることで、リッツ・カールトンは最高のホテルチェーンという現在の名声を獲得したと言っても過言ではないでしょう。

面接されているのに優位に立つ不思議

サービスのプロでなくても、相手のOODAループの中に入ることでコミュニケーションがうまくいく状況はたくさんあります。その最たる例が、就職や進学の際の面接です。

採用にあたって多くの企業では、その組織の中で優秀な社員に一次面接を任せるのが一般的です。そして、一緒に仕事をしたいと思う人間を選ぶように命じます。一緒に仕事をしたいということは、世界観に共通し共感する部分が多いということです。したがって、彼らが直観を働かせて選んだ人材は、入社後に彼らと同じように活躍してくれる可能性が高いと期待しているわけです。

裏を返せば、面接官に好印象を持ってもらうためには、彼らのOODAループの中に入って、その世界観に寄せていくことが効果的だと言えます。その世界観は、企業が一般に公表している資料や、報道されたトップの発言などからうかがい知るこ

とができます。ただし、ここまでは誰もがしていることです。一歩抜け出したければ、OB・OG訪問や面接時に相手のOODAループの中に入って、明文化されていない世界観に迫る必要があります。

　彼らは、初対面の場にどんな表情で現れるのか、こちらの挨拶にどんな言葉で応えるのか、まずはじっくり観察する必要があります。次に、彼らの問い掛けにこちらがどんな反応をすると目が輝くのか、逆に曇るのかに注意を払いましょう。思わず顔を上げたり、メモを取ったりするしぐさなどを見ていると、どんなことに興味を持っているかとか、その日の気分といった重要なシグナルに気づくかもしれません。受け答えのテンポは、早めと遅めのどちらのときに満足そうにしているのかも重要なポイントです。

　こうしたことを注意深く観察していくと、相手の次の発言や行動が何となくつかめるようになります。そうなれば、想定外の質問や、俗に言う圧迫面接にもあわてることはありません。どんなボールでも相手が望む場所に打ち返せるし、時には意外性の高いショットで相手を走らせてみてもいい。そうすれば面接される立場にありながら、優位に立つことも不可能ではありません。

　日本人は空気を読むのが得意だとされます。空気を読むためには、その場にいる人の考えや気分を理解しなければなりません。つまり、多くの日本人は、相手のOODAループに入るための素地を持っている、と言っていいでしょう。まずは、相手のVSAMを想像して書き出してみるところから始めることをおすすめします。

STORY #6
小田さんの OODA ループ実践ケース
[相手の OODA ループに入る]

　15分遅れで始まった転職支援企業サーチャレの5周年イベント会場では、また別の問題が起きていました。不手際があったのは、顧客や利用者から寄せられた、お祝いと激励のメッセージ動画です。大切な顧客企業の役員のメッセージが、何かの手違いでカットされてしまっていたのです。

　会場にいた当人は怪訝な表情を浮かべただけでしたが、部下である人事部長の怒りがおさまりません。「貴重な時間を割いて撮影に協力したのに、カットされるとはどういうことですか！」と、サーチャレの担当営業に詰め寄ります。

　しかし、プロジェクトマネジャーは動じませんでした。彼が真っ先に行ったのは、先方の役員と人事部長への謝罪です。そうすることで彼らの世界観（VSAM）を確かめたのです。役員本人は事態がよくわかっていないせいか、それほど怒っていない。人事部長は自社のメンツが潰されたことに憤慨すると同時に、役員の怒りが自分に向けられるのを恐れている。これが、相手の OODA ループの中に入って考え、わかったことでした。

「厚かましいお願いなのは承知していますが、スペシャルゲストとしてステージ上から直接メッセージをいただけませんでしょうか。もちろんお叱りの言葉でも承ります」

　プロジェクトマネジャーは、先方の役員が小さなことにこだわる人物ではないと見抜いていました。おそらく、お祝いの雰囲気を台無しにするような発言もしないでしょう。多くの顧客の中から特別に登壇してもらったというかたちにすれば、人事部長の顔も潰さずに

済みます。

　結果はプロジェクトマネジャーの狙いどおりでした。「すべての参加者に幸せを感じてもらう」というビジョンが、想定外の状況下にあっても、迷わずに決めて瞬時に動くことを可能にしたのです。

　後日開かれた打ち上げの場です。この件で社長から、プロジェクトマネジャー以下のチームメンバーがこってりと油をしぼられると覚悟していました。しかし、社長は上機嫌で思わぬことを言われたのです。しかし社長は同時に、チームの健闘をねぎらってもくれました。

「短い準備期間に限られた条件の中でよくやってくれた。当社が何を目指しているのか、どれほどお客さまに感謝しているのかが十分に伝わったと思う。何より、ゲストのみなさんが楽しい時間を過ごして、笑顔で帰ってくれた。いい5周年記念になったよ」

　小田さんはこの言葉を聞いて、入社当時に考えていたことを思い出しました。
「仕事は厳しく、時に辛いものだからこそ、ワクワクできるようなものでなければいけない。1人でも多くの人に働く幸せをつかんでほしい。営業成績はもちろん大事だけれど、それはあくまでも多くの人に幸せな仕事の機会を提供した結果にすぎない」

　ようやく、小田さんの迷いも吹っ切れたようです。

主な参考文献

- 入江仁之（2018）『「すぐ決まる組織」のつくり方— OODA マネジメント』フォレスト出版（OODA ループ思考を実現する組織論入門書）
- 宮本武蔵、魚住孝至編（2012）『宮本武蔵「五輪書」ビギナーズ日本の思想』角川学芸出版
- Bennett, Nathan and Lemoine, G. James (2014) *What VUCA Really Means for You,* Harvard Business Review（VUCA フレームワークについてのハーバードビジネスレビュー掲載論文）
- Bonchek, Mark and Fussell, Chris (2013) *Decision Making, Top Gun Style,* Harvard Business Review（ビジネスでの OODA ループ適用についてのハーバードビジネスレビュー掲載論文）
- Boyd, John R. (1964) *Aerial Attack Study*（アメリカ空軍の空中戦教科書）
- Boyd, John R. (1976) *Destruction and Creation*（ジョン・ボイド唯一の論文）
- Boyd, John R. (1976) *New Conception of Air-to-Air Combat*（講義資料）
- Boyd, John R. (1986-1991) *Patterns of Conflict*（講義資料）
- Boyd, John R. (1987-1991) *Organic Design for Command and Control*（講義資料）
- Boyd, John R. (1987-1991) *The Strategic Game of ? and ?*（講義資料）
- Boyd, John R. (1992) *Conceptual Spiral*（講義資料）
- Boyd, John R. (1996) *The Essence of Winning and Losing*（講義資料）
- Boyd, John R., Edited and Compiled by Hammond, Grant T. (2018) *A Discourse on Winning and Losing,* Air University Press（ジョン・ボイド著作集大成）
- Bower, Joseph L. and Hout, Thomas (1988) *Fast-Cycle Capability for Competitive Power,* Harvard Business Review（OODA ループによる高速競争戦略についてのハーバードビジネスレビュー掲載論文）
- Clausewitz, Carl Von (1832) Howard, Michael and Paret, Peter translated (1976, 1984) *On War,* Princeton University Press
カール・フォン クラウゼヴィッツ、清水多吉訳（2001）『戦争論〈上〉〈下〉』中央公論新社
- Cleary, Thomas F. (2005, first published 1991) *Japanese Art of War: Understanding the Culture of Strategy* Shambhala Publications（ジョン・ボイドの愛読書「日本の兵法」）
- Coram, Robert (2002) *Boyd: The Fighter Pilot Who Changed the Art of War,* Little, Brown and Company（ジョン・ボイドの人生と功績を著した記念碑的伝記）

- Endsley, Mica R. and Garland, Daniel J. (2000) *Situation Awareness Analysis and Measurement,* CRC Press（シチュエーション アウェアネスの基本書）
- Hammond, Grant T. (2001) *The Mind of War: John Boyd and American Security* Smithsonian Institution（ジョン・ボイドの伝記）
- Klein, Gary (2003) *The Power of Intuition: How to Use Your Gut Feelings to Make Better Decisions at Work,* Crown Business（直観力の基本書）
- Libet, Benjamin (2005) *Mind Time: The Temporal Factor in Consciousness,* Harvard University Press
ベンジャミン・リベット、下修信輔訳（2005）『マインド・タイム』岩波書店
- Osinga, Frans P.B. (2007) *Science, Strategy and War: The Strategic Theory of John Boyd,* Routledge（ジョン・ボイド OODA ループ理論の唯一の学術書）
- Partnoy, Frank (2012) *Act Fast, but Not Necessarily First,* Harvard Business Review（OODA ループ意思決定プロセスについてのハーバードビジネスレビュー掲載論文）
- Richards, Chet (2004) *Certain To Win: The Strategy Of John Boyd, Applied To Business,* Xlibris Corp
チェット リチャーズ、原田勉訳（2019）『OODA LOOP（ウーダループ）』東洋経済新報社（ジョン・ボイドの同僚で数学者チェト・リチャーズのジョン・ボイド理論）
- Ries, Eric (2011) *The Lean Startup: How Today's Entrepreneurs Use Continuous Innovation to Create Radically Successful Businesses,* Currency/Crown Publishing
エリック・リース、井口耕二訳、伊藤穰一解説（2012）『リーン・スタートアップ』日経 BP（OODA ループ理論に基づいて開発されたリーン・スタートアップ理論）
- Wan. Xiaohong; Nakatani, Hironori; Ueno, Kenichi; Asamizuya, Takeshi; Cheng, Kang; Tanaka, Keiji (2011) *The Neural Basis of Intuitive Best Next-Move Generation in Board Game Experts* Science Vol. 331 no. 6015 P.341-P.346（直観についてのサイエンス掲載論文）
- 田中啓治、林愛子取材・構成（2011）「直観をつかさどる脳の神秘」RIKEN NEWS（サイエンス掲載論文のポイントを紹介）
- Weick, Karl (1995) *Sensemaking in Organizations (Foundations for Organizational Science),* SAGE Publications, Inc
カール・E. ワイク、遠田雄志・西本直人訳（2001）『センスメーキング イン オーガニゼーションズ』文眞堂（センスメイキングの基本書）

あとがき

　『OODA ループ思考［入門］』を最後までお読みくださり、ありがとうございました。このコンパクトな本で、あなたの思考法は劇的に変わりそうでしょうか？

　ところで、最後に1つ質問があります。これまで、あなたは普段どんな思考法を使っていましたか？　思考法とは考え方のスタイルなので、○○シンキングというような格好いい名前が付いている必要はありません。考える方法やスタイルにどんな傾向があるかです。

「あれこれ考えて、なんとなく」
　　　　　　　　　　　：そういう人が多いかもしれません。
「やる・やらない、は、いつも即決」
　　　　　　　　　　　：そんな人も少しはいそうです。
「いつも論理的」　　　：え、本当ですか？　……

　どんな思考法が優れていて、どれがダメかと言いたいわけではありません。ポイントは、あなたがこれまでどんな考え方をしてきたか、そしてそれを自分で理解しているかどうか、という点です。ひとりの人間として、自分の思考法を把握していただきたいのです。

　人間は乳児期から幼児期に「他人と自分を区別する」ことを覚え、「他人は自分とは違う考え方をする」ということに気づくようになります。少年期から青年期にそうした経験を積み重ね、さまざまな人の異なる考え方に触れることで、大人になってようやく「自分の考え方」を俯瞰して見ることができるよう

になります。これは体験的に獲得するものです。

　筆者の経験では、何となくであれ、思考法がどういうものかつかんでいる中・高校生はごくまれで、大学生でもかなりの割合で「自分の考え方の傾向やスタイル」を他人に説明できない人がいます。そういう人は、まず就活で苦労します。自己PRが客観的にならないからです。自己中心的で幼い印象を与えてしまうこともあります。一方、自分を客観視できる人は、自分の思考法の特徴や強みと弱みに気づけているので、その人の考えや行動は頼もしく見えるのです。

　まずは自分がどんな思考法を使ってきたのかを理解すること、それが先決です。少し難しい言葉ですが、そのようにして自分の思考や行動を俯瞰して客観的に捉えることを「メタ認知」と言います。

　それができたら次は、自分の今までの思考法を、いったん横に置いてください。これは、口で言うほど簡単なことではありません。大人になってから利き腕を変えるようなもので、慣れ親しんだ思考法を変えることにはけっこうな痛みを伴いますし、レベルの高い知的活動でもあります。

　それでも、どうしてでもその痛みに打ち勝ってください。

　この高次元の知的変革を乗り切って新しい思考法を身につけることができれば、さまざまな変化に適応できるようになります。これは、最新のOSにバージョンアップするようなものです。最新OSにすることで従来のセキュリティのバグや不具合が解消され、ストレスがなくサクサクと動くようになりますし、アプリの選択肢も増えます。

では、インストールすべき最新バージョンのOSは何かと言えば、OODAループよりほかにありません。自分のいる世界を俯瞰するメタ認知と、脊髄反射的な直観による行動を自在に行き来できるようになるOODAループ思考には、従来の自分の考え方を否定する痛みに立ち向かってでも獲得するだけの絶大な効果があります。

　私はOODAループ思考が当たり前に使われるようになることで、みなさんが夢に向かって豊かな人生を歩み、幸福になることを心から願っています。序章の冒頭、スウェーデン料理店で注文に困り果てていた赤坂さんのように、頼りない印象に見えてしまう多くの日本人が、瞬時に判断し、行動できる人になることを期待しています。

　本書の上梓にあたり、以下のみなさまから多大なご支援、ご協力をいただきました（敬称略）。相澤摂、入江友之、岩崎卓也、上野典子、大石高至、貝瀬裕一、木山政行、清水盾夫、鈴木憲、吉田瑞希。最後に、心より感謝申し上げます。

2019年8月

　　　　　　　　　　　　　　　　　　　　　　入江仁之

[著者]

入江仁之（いりえ・ひろゆき）

アイ&カンパニー・ジャパン代表　経営コンサルタント　経済同友会会員

OODAループやサプライチェーンをはじめ全体最適・自律分散の先進的なモデルを提唱し、日本で最初期に導入。OODAループは、これまでに延べ1万人以上が体験し、導入企業では劇的かつ持続的なエンゲージメント、そして生産性向上を実現している。主なクライアントは、トヨタ自動車、日立製作所、GE、NTTグループをはじめIT、ハイテク、消費財などの各業界を代表する日米の企業。米国シスコ本社で戦略担当部門マネージングディレクターとしてエコシステムの構築をグローバルで指揮。ハーバード大学にて米国流の自ら考える教育を体験。外資系戦略コンサルティングファームの日本・アジア代表を歴任。PwCコンサルティングでは、合併統合により1000人規模の組織を構築し経営を統括。アーンスト&ヤングコンサルティングでは赤字だった日本法人を1年で世界最高の利益率を誇る事業に転換。経済同友会にて経済成長戦略委員会副委員長、情報処理推進機構にて情報処理技術者試験の試験委員、港区立青南小学校でPTA会長などを歴任。2015年からはOODAループ関連の論文をホームページで公開。直近半年での閲覧数が30万になっている。著書に『「すぐ決まる組織」のつくり方―OODAマネジメント』（フォレスト出版）等がある。

OODAループ思考［入門］
―日本人のための世界最速思考マニュアル

2019年9月18日　第1刷発行

著　者———入江仁之
発行所———ダイヤモンド社
　　　　　〒150-8409　東京都渋谷区神宮前6-12-17
　　　　　http://www.diamond.co.jp/
　　　　　電話／03・5778・7232（編集）　03・5778・7240（販売）
装丁————デザインワークショップジン
本文デザイン—岸和泉
ＤＴＰ————中西成嘉
編集協力———相澤摂
製作進行———ダイヤモンド・グラフィック社
印刷————加藤文明社
製本————加藤製本
編集担当———木山政行

©2019 Hiroyuki Irie
ISBN 978-4-478-10662-4

落丁・乱丁本はお手数ですが小社営業局宛にお送りください。送料小社負担にてお取替えいたします。但し、古書店で購入されたものについてはお取替えできません。
無断転載・複製を禁ず
Printed in Japan

◆ダイヤモンド社の本◆

頭を「非集中モード」にするだけで脳のエネルギーがあふれ出す!

落書き、空想、音楽、独り言、瞑想、マインドフルネス、散歩、いじくり回し……最新理論「デフォルト・モード・ネットワーク(DMN)」で解明された、脳疲労から回復し、思考力を高める超シンプルなメソッドのすべて。この1冊で、脳の力が高まり、頭がよくなる!

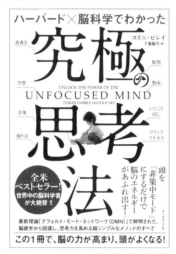

ハーバード×脳科学でわかった 究極の思考法

スリニ・ピレイ [著] 千葉敏生 [訳]

●四六判並製●定価(1600円+税)

http://www.diamond.co.jp/